EDAF

MADRID - MÉXICO - BUENOS AIRES - SAN JUAN - SANTIAGO - MIAMI

PAPIROFLEXIA CREATIVA

Por Kunihiko Kasahara

Título del original:
CREATIVE ORIGAMI

© De la traducción: Felicitas de Fidio.
© 1967. By Japan Publications, Inc.
© 1993. De esta edición, Editorial EDAF, S. L. U., por acuerdo con Japan Publications, Inc., Tokio

Editorial EDAF, S. L. U.
Jorge Juan, 68. 28009 Madrid
http://www.edaf.net
edaf@edaf.net

Ediciones-Distribuciones Antonio Fossati, S.A. de C.V.
Calle, 21, Poniente 3323, Colonia Belisario Domínguez
Puebla, 72180, México.
Tfno.: 52 22 22 11 13 87
edafmexicoclien@yahoo.com.mx

Edaf del Plata, S. A.
Chile, 2222
1227 - Buenos Aires, Argentina
edafdelplata@edaf.net

Edaf Antillas, Inc
Av. J. T. Piñero, 1594 - Caparra Terrace (00921-1413)
San Juan, Puerto Rico
edafantillas@edaf.net

Edaf Chile, S.A.
Coyancura, 2270, oficina 914, Providencia
Santiago - Chile
edafchile@edaf.net

16.ª edición, julio 2013

Depósito legal: M-15.352-2010
ISBN: 978-84-7640-704-2

PREFACIO

LA papiroflexia es un modo de evocar las posibilidades ilimitadas que están latentes en el papel, uno de los materiales más corrientes de la vida diaria. En una simple hoja de papel aparentemente inútil hay pájaros, animales, insectos, flores, figuras humanas, e incluso formas abstractas avanzadas. Una de las cosas más bonitas de la papiroflexia es que nos permite sacar del papel unas formas curiosas que nos pueden servir para adornar nuestras habitaciones, llenándolas con una atmósfera de ensueño.

En este libro les presento una cantidad de figuras de papiroflexia que he tenido el gusto de hacer. Deseo transmitirles el placer y la alegría que sentí al hacerlas, y espero que ustedes sepan comunicar esta felicidad a sus familiares y amigos.

La naturaleza variable del papel obliga a la papiroflexia a preservarlo mediante el gesto de doblarlo, así como las tradiciones de tocar instrumentos musicales o de cantar se conservan mediante la actuación directa.

Lo primero que tienen que hacer es practicar toda la papiroflexia que sepan. Enséñenla a los demás; regálenla. La papiroflexia se puede comparar con una música de papel, y las explicaciones son como notas musicales. Ustedes empiezan a darle vida cuando cogen realmente el papel entre sus manos y comienzan a doblarlo.

Doblen todas las figuras en los 100 ejemplos de papiroflexia; reúnan a un grupo de amigos y disfruten haciéndolas con ellos. Una vez que las hayan doblado todas, lean lo que tengo que decirles en el capítulo V. Allí es donde explico los principios de la creatividad de la papiroflexia. Cuando hayan captado el sentido de dicha creatividad, habrán descubierto el modo de hacer que la papiroflexia exprese sus propias ideas. Esta habilidad hará que la papiroflexia tenga para ustedes aún más valor.

Si pensamos en las posibilidades ilimitadas del papel, veremos que el número de trabajos hechos con la papiroflexia es insignificante. La esperanza real de la papiroflexia es aumentar el número de sus formas para extender su mundo de creatividad y placer y para elevar aún más su naturaleza.

Seré mucho más feliz si este libro marca el inicio de dicho desarrollo.

KUNIHIKO KASAHARA

ÍNDICE

▲ *Señoras a la moda*. El tema de estas figuras está inspirado en el cuento de Chejov "La dama y el perro". He hecho la figura larga de piernas y le he dado un aire de coquetería para subrayar la gracia femenina. En vez de centrarme en los detalles, he preferido dar un tono general de elegancia. (Véase pág. 145.)

▲ *Pavos reales y pavas reales.* He hecho tres parejas de pavos reales, en una composición llena de vida que intenta expresar la característica de suntuosidad de estas aves. En vez de representarlas de una manera cuidadosa, he preferido crear unos pavos reales y unas pavas reales que pertenecen al reino de la fantasía. (Véase pág. 49.)

▶ *Bandada de flamencos.* Es difícil hacer animales en movimiento con la papiroflexia, pero si hacemos un montón de figuras y las agrupamos como yo he hecho con los flamencos, eso le da a todo el grupo una sensación de movimiento. (Véase pág. 45.)

◀ *Fiesta entre monos.* (Página anterior.) Con un poco de imaginación se pueden crear con la papiroflexia escenas de humor como ésta u otras que evoquen los sentimientos que uno quiera.

▲ *Flora y fauna.* Puede que ustedes prefieran doblar ciertas figuras y combinarlas en un conjunto armónico, lleno de color y dimensión, sin otra finalidad que la búsqueda de la belleza. (Véanse páginas 113 y 119.)

▶ *Un paseo por el fondo del mar.* Aquí no tenemos una oscuridad lóbrega ni un fondo marino sombrío y traicionero. Con la papiroflexia podemos llenar el paraíso de nuestro fondo oceánico con toda clase de curiosas algas marinas y peces de colores que aletean.

▲ *Buda*. La papiroflexia es capaz de alcanzar un elevado grado de realismo con una simple hoja de papel. Cuando se estudia la papiroflexia, es importante captar una representación esmerada. Yo he hecho algunos de mis trabajos más exquisitos mientras practicaba para aumentar mi perfección en ese sentido. Esta variante de Buda, explicada en la pág. 159, es uno de ellos.

COMENTARIOS GENERALES

ESTE libro está diseñado para dar entera satisfacción tanto al principiante en papiroflexia como al que la practica desde hace años. Por eso, para que pueda apreciar este libro en toda su extensión y utilizarlo con el máximo provecho, les ruego que sigan el orden que hemos dado y vayan avanzando página por página. Si quieren reproducir con exactitud una figura concreta, tendrán que entender a fondo los símbolos utilizados en las explicaciones y las técnicas adecuadas para doblar.

Doblen cada uno de los 100 nuevos trabajos de papiroflexia por orden desde el principio. Puesto que cada capítulo es una composición independiente, pueden empezar por el capítulo sobre los insectos o por el capítulo sobre los animales, pero, sea como sea, asegúrense de que empiezan por el comienzo del capítulo elegido. Les pido eso porque he diseñado cada capítulo de forma que los pliegues más fáciles están al principio. Según vayan doblando, su habilidad técnica irá aumentando; por eso, los trabajos más difíciles están destinados al final de cada sección.

Una vez que hayan doblado las 100 figuras seguidas, lean el capítulo V, donde explico los procesos creativos utilizados en cada una de las figuras de la papiroflexia.

Después de reproducir las 100 figuras con la papiroflexia, se supone que han adquirido una cierta habilidad técnica para doblar. Cuando hayan comprendido los procesos creativos utilizados y hayan combinado esta comprensión con su propia habilidad, estarán capacitados para crear por su cuenta una cantidad ilimitada de nuevas figuras de papiroflexia. Este ha sido mi mayor deseo al escribir este libro.

El papel de la papiroflexia

En Japón casi todas las papelerías venden varias clases de papel hecho expresamente para la papiroflexia. En general, se trata de unos cuadrados de unos 16 centímetros de lado, coloreados sólo por una cara, de rojo, azul u otros colores. En la papiroflexia no se utiliza ningún otro color más que el del papel, y cuando no conseguimos dar la expresión adecuada a nuestra forma únicamente con el esquema, o cuando necesitamos obtener formas fuertes dentro del esquema, utilizamos la cara inferior blanca para que contraste con la cara superior en color del papel, a fin de obtener el efecto deseado. Por ejemplo, si yo hibiera utilizado papel en color a ambos lados de mi pingüino, de mi golondrina, de mi girasol, de mi pirata tuerto, o de mi monja, habría estropeado todo el efecto. Por otra parte, cuando el papel tiene un mismo color en ambas caras, es más fácil equivocarse al doblar, y volver a doblar cuando no hay que hacerlo. Procuren utilizar papel con las caras de diferentes colores.

Las 100 figuras de papiroflexia de este libro están hechas con papel cuadrado; compren un papel que sea perfectamente cuadrado o corten otros papeles en cuadrados perfectos. Cuanto más grande sea el papel, más fácil será doblarlo. Para sus prácticas, les sugiero que. utilicen un papel que tenga entre 17 y 25 centímetros de lado.

Cuando hayan practicado lo suficiente como para conseguir que sus figuras tengan las dimensiones deseadas, puede proporcionarse a sí mismo, y a sus amigos, una agradable sorpresa utilizando algún papel especial. En el capítulo V hablaré más detenidamente del papel para la papiroflexia.

Símbolos técnicos para doblar

A.

1. (Doblar en surco) – – –

2. (Doblar en punta) —··—

3. (Cortar) – –✂

Los dos primeros son los símbolos explicativos más indispensables y básicos de toda la papiroflexia. Al doblar se puede hacer una de estas dos cosas: doblar el papel hacia dentro y doblarlo hacia fuera. En la práctica, cuando llevamos a cabo los procesos indicados en la figura 1, tenemos un trozo de papel doblado como el de la figura 2.

B.

4. (Doblar hacia dentro)

5. (Doblar hacia abajo)

Estas flechas sirven para impedir que se equivoquen y doblen en surco en vez de doblar en pico, o viceversa. No confundan estas flechas con las del D 2 que describe la técnica utilizada.

C.

6. (Doblar en forma de escalera)

Este símbolo indica el tipo de pliegue utilizado al hacer los picos de los pájaros o las conchas del camarón, etc. En realidad, no es otra cosa que un pliegue en surco y un pliegue en punta juntos.

D.

7. (Línea oculta o perfil de la posición precedente de una parte) – – – –

A veces iniciamos una serie de figuras explicativas cuando el papel ha sido ya doblado una vez, como en D 1. En ese caso, yo suelo utilizar el símbolo en 7 para indicar la forma y posición que tenía el papel antes de ser doblado.

Utilizo el mismo símbolo cuando el proceso ilustrado por la línea pasa por debajo de las capas del papel o entre las mismas, como en la figura D 2.

I. (Doblar en forma de bolsillo)

II. (Doblar en forma de capucha)

Los pliegues I y II de las figuras D y E son tan básicos que sin ellos no hay papiroflexia. Puesto que el pliegue en forma de capucha (II) es un poco difícil de seguir en la figura D, he añadido la figura E para facilitar su explicación. Tanto la D como la E dan como resultado el pliegue en forma de capucha del paso número 3. Ustedes tienen que ser ya lo bastante expertos con dichos pliegues como para saber hacer siempre con rapidez un pliegue de capucha junto con otros pliegues, como muestra la serie D. En la página siguiente tienen una explicación más detallada del I y del II.

E.

8. (Tirar del papel) $\Longrightarrow$ Comprenderán los símbolos 8 y 9 si estudian el E 1, 2 y 3.

9. (Sujetar este sitio por abajo con el dedo) ◯

F.

10. (Volver a doblar la figura)

Este símbolo significa que hay que volver a doblar "toda" la figura.

G.

III. (Tirar del papel hacia dentro)

IV. (Tirar del papel hacia fuera)

Estos dos procesos son fáciles cuando nos hemos acostumbrado a ellos, pero al principio parecen difíciles. No obstante, hay que aprenderlos, yo los uso muy a menudo. Doblar en el paso número 1 y después abrirse de nuevo en el paso número 2 es únicamente para intentar hacer las rayas que se necesitarán más tarde en los procesos 3, 4 y 5.

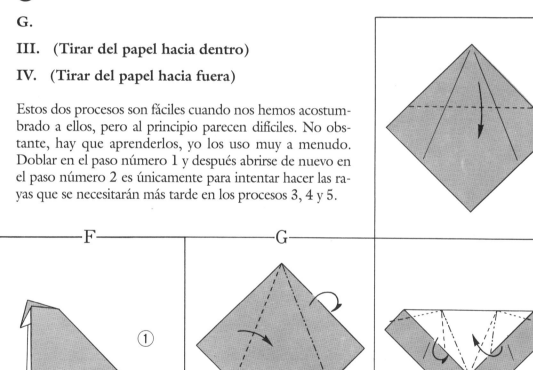

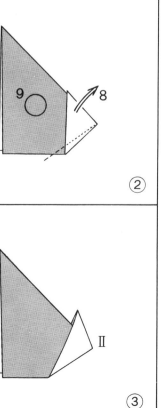

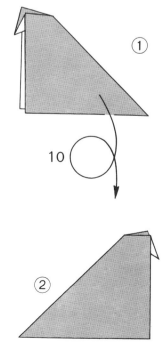

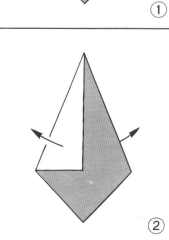

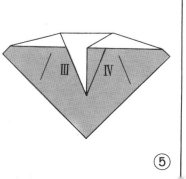

Vamos a analizar atentamente los pliegues en forma de capucha y en forma de bolsillo. Si hacemos una punta aguda 2, la
característica más importante del efecto general de la papiroflexia, observamos que tenemos un lado (A) que está cerrado,
y un lado (B) que está abierto. Si doblamos el punto hacia el
lado A, tendremos un pliegue en forma de capucha. Si lo
doblamos hacia el lado B, tendremos un pliegue en forma de
bolsillo. No confundan el pliegue de capucha y el pliegue de
bolsillo con los meros pliegues de surco o de punta, o acaba-
rán por equivocar los pliegues como en la 3'.

Doblar sujetando las partes

Cuando hacemos las patas de los pájaros y de los animales, si doblamos
el punto en dirección al lado A y
acabamos con un pliegue en forma
de capucha según la teoría que acabamos de explicar, conseguiremos
algo que no está bien cerrado y
equilibrado. En cambio, si lo doblamos hacia el lado B, tendremos una
buena sujeción. Arréglelo de forma
que quede como en la figura 4.

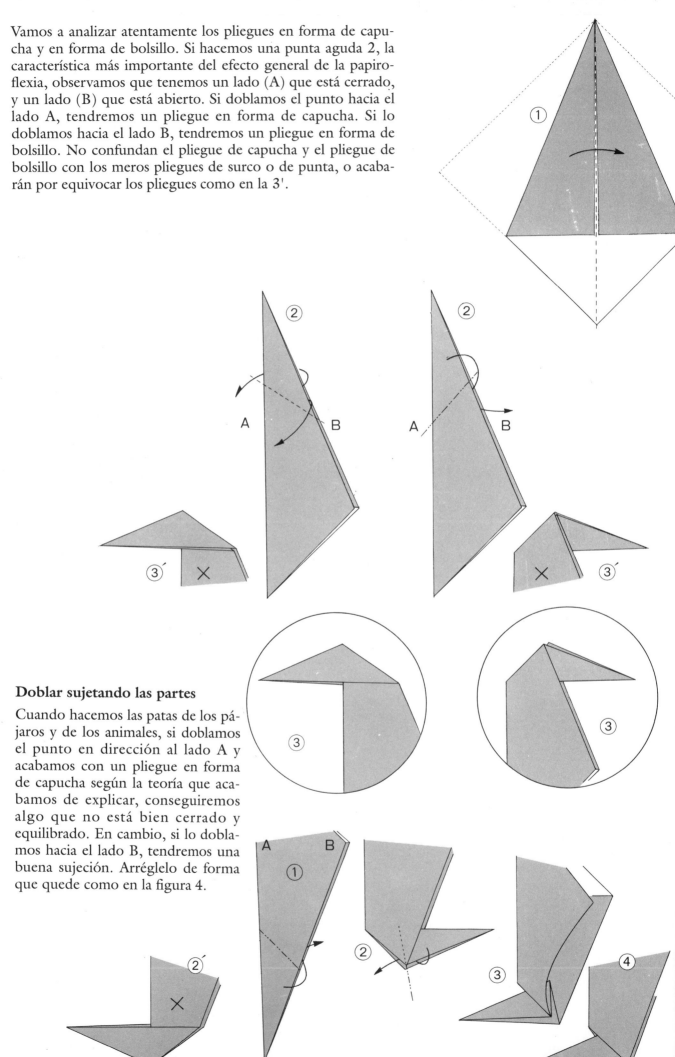

CAPÍTULO I Los pájaros

1. La gallina

Para nuestro primer pájaro, vamos a elegir uno que todo el mundo conoce, la doméstica gallina. Salvo algunos que tienen formas insólitas, todos los pájaros se doblan empezando por el pliegue básico IV. Por este motivo, llamamos al pliegue básico IV la base del pájaro. No obstante, como queremos hacer la gallina y los pollitos, empezaremos por el primer paso de la base del pájaro. La sección de la cabeza (10) se volverá a doblar hacia arriba. Aunque esta técnica parezca difícil al principio, tienen que dominarla ahora, porque es muy importante.

2. El pollito

Utilicen para el pollito un trozo de papel cuyo tamaño sea la cuarta parte del papel que han utilizado para la gallina, a fin de que haya un equilibrio entre los dos tamaños. Puesto que, desde luego, un pollito es un pájaro, podemos hacer uno empezando por la base del pájaro (pliegue básico IV). Una vez que nos hayamos familiarizado con las maneras de inventar diferentes partes para nuestro pliegue, podemos invertir el procedimiento creativo de hacer un pliegue total a partir de las partes, y empezar por un trabajo completo y simplificarlo o abstraerlo. En la ilustración, A es la imagen completa de un pollito, B es la versión hecha mediante la papiroflexia utilizando la base del pájaro, C es una versión hecha empezando por el pliegue básico II y abreviando las patas del pollito, D es la forma más simple, la que yo uso aquí.

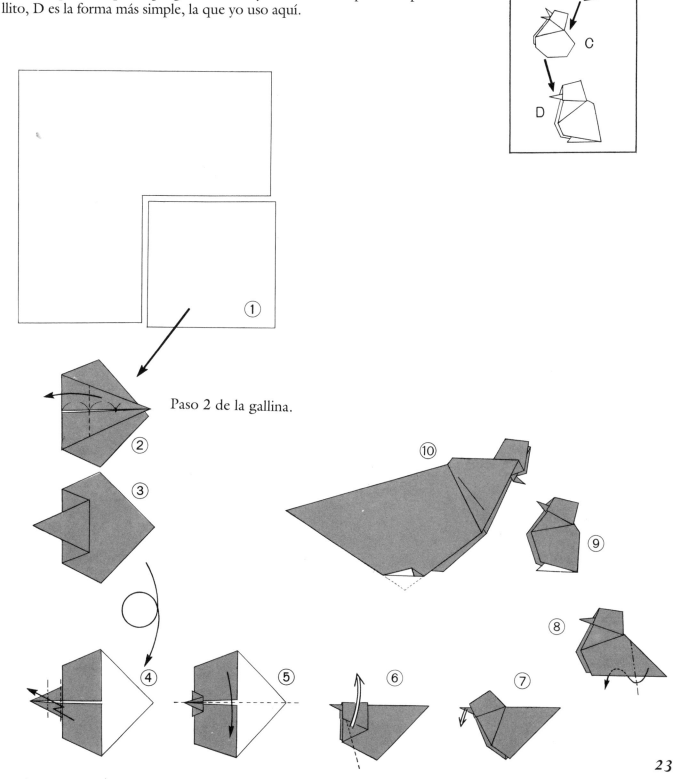

Paso 2 de la gallina.

23

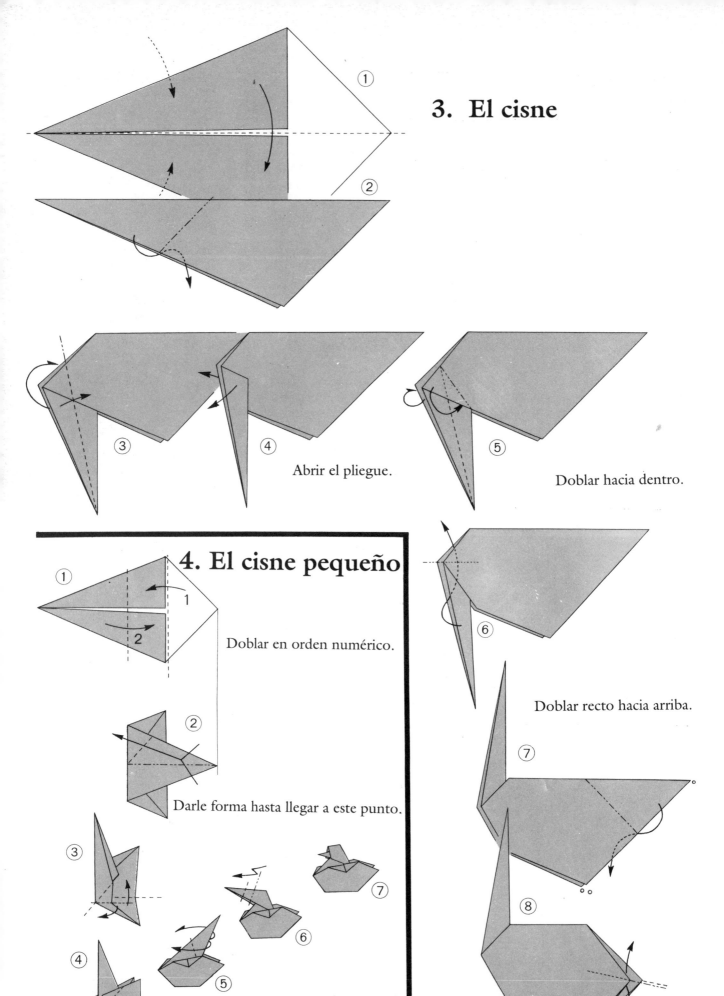

3. El cisne

Abrir el pliegue.

Doblar hacia dentro.

Doblar recto hacia arriba.

4. El cisne pequeño

Doblar en orden numérico.

Darle forma hasta llegar a este punto.

24

Puesto que el cisne, como casi todas las aves acuáticas, aparece flotando en el agua, no necesitamos hacer sus patas. Por lo tanto, no vamos a utilizar un pliegue básico, como el IV, con cuatro puntas. Lo único que tenemos que procurar es que el cuello sea largo y delgado, y el cuerpo relajado y agraciado. Para el cisne pequeño, usaremos un trozo de papel cuyo tamaño sea la cuarta parte del tamaño utilizado para el cisne grande, o incluso, a ser posible, un poco más pequeño.

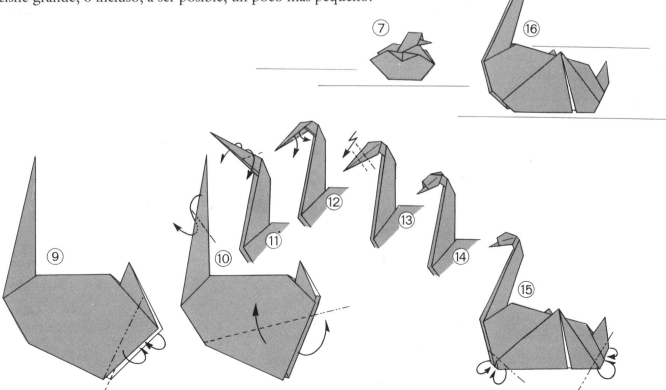

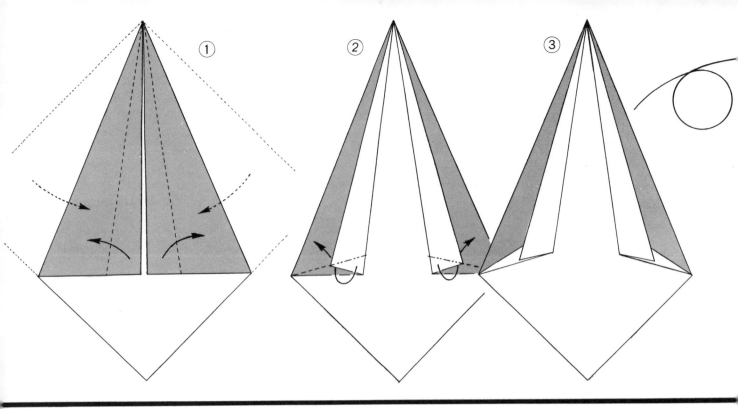

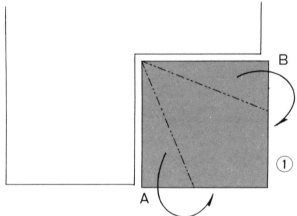

5. El pingüino

Con el pingüino vamos a utilizar los diferentes colores de la cara superior e inferior del papel, para representar la diferencia de color entre la espalda y las alas del pájaro y su estómago. Por supuesto, es imposible representar esta diferencia de color con exactitud, ya que no se trata de un pingüino real, pero debemos intentar hacer al menos las porporciones de la manera más verosímil.

6. El pingüino pequeño

Una vez más, hay que seleccionar un papel cuyo tamaño sea la cuarta parte del tamaño del papel utilizado para el pájaro grande. Doblen el pequeño del mismo modo que hicieron con el grande, pero hagan la cabeza algo más ancha en proporción al cuerpo. Yo he confeccionado el pingüino pequeño tal y como lo he visto en un libro ilustrado.

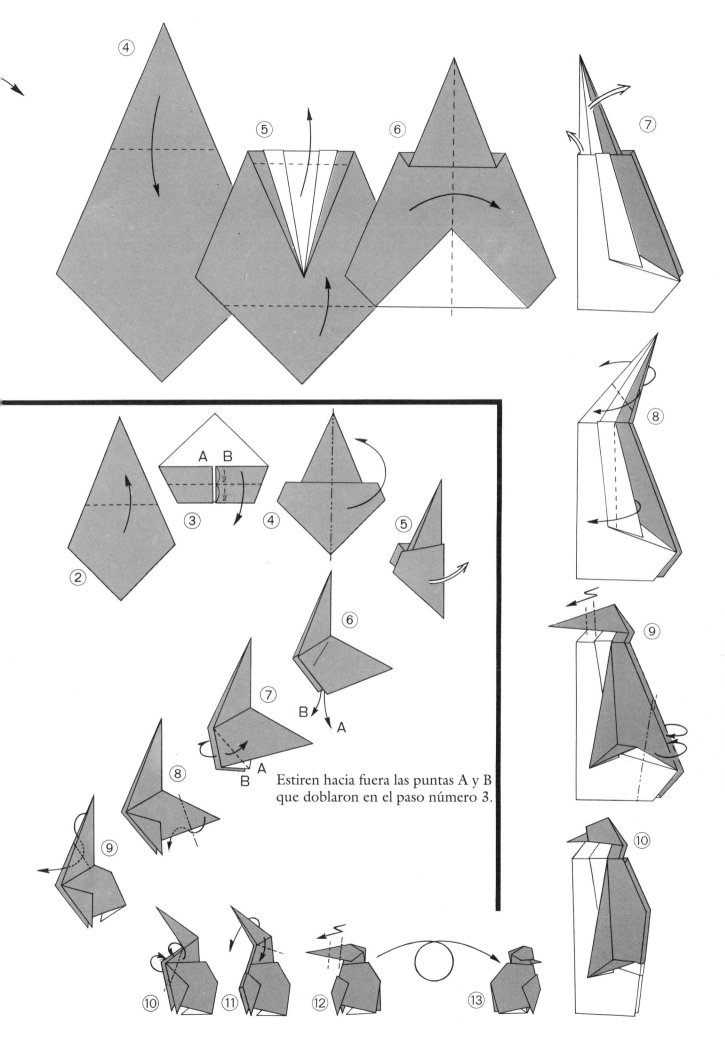

Estiren hacia fuera las puntas A y B
que doblaron en el paso número 3.

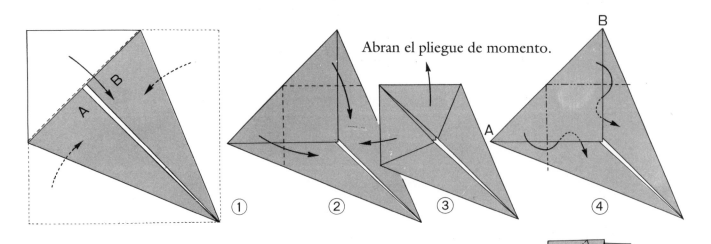

Abran el pliegue de momento.

7. La golondrina

Como hicimos con el pingüino, en la golondrina también tenemos que marcar el contraste entre el color de la zona del estómago y el de las alas y la espalda. En el paso número 4, doblen invirtiendo los pliegues que hicieron en el paso número 2. Lleven las puntas A y B a las posiciones que aparecen en el paso número 5. Saquen las puntas C y D a las posiciones del paso número 8. Podemos cortar la cola en dos secciones, como en el paso número 12, pero creo que tendríamos una representación idónea de la golondrina aunque la dejásemos sin cortar.

Esta forma podría considerarse una variante del pliegue básico II.

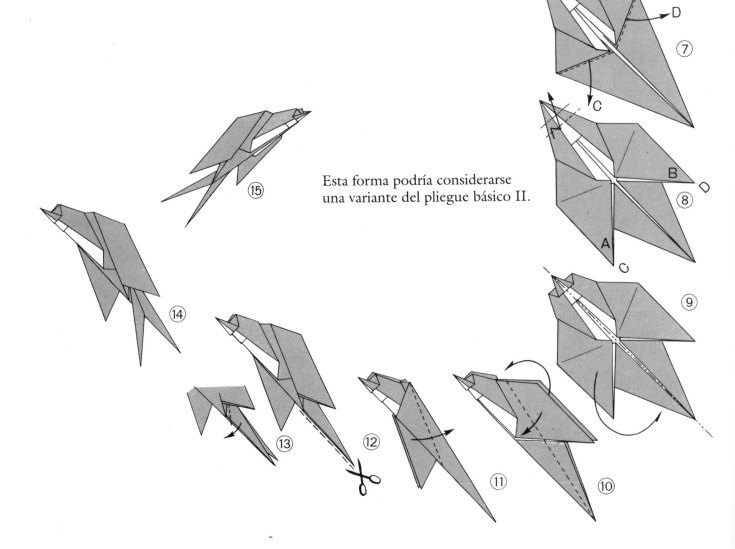

8.9. Los patos mandarines

Hay que utilizar la cara superior e inferior del papel para sugerir algo del esplendor y colorido del pato mandarín macho.

Tanto el pato como la pata se doblan de forma parecida a los pasos 7 y 7'.

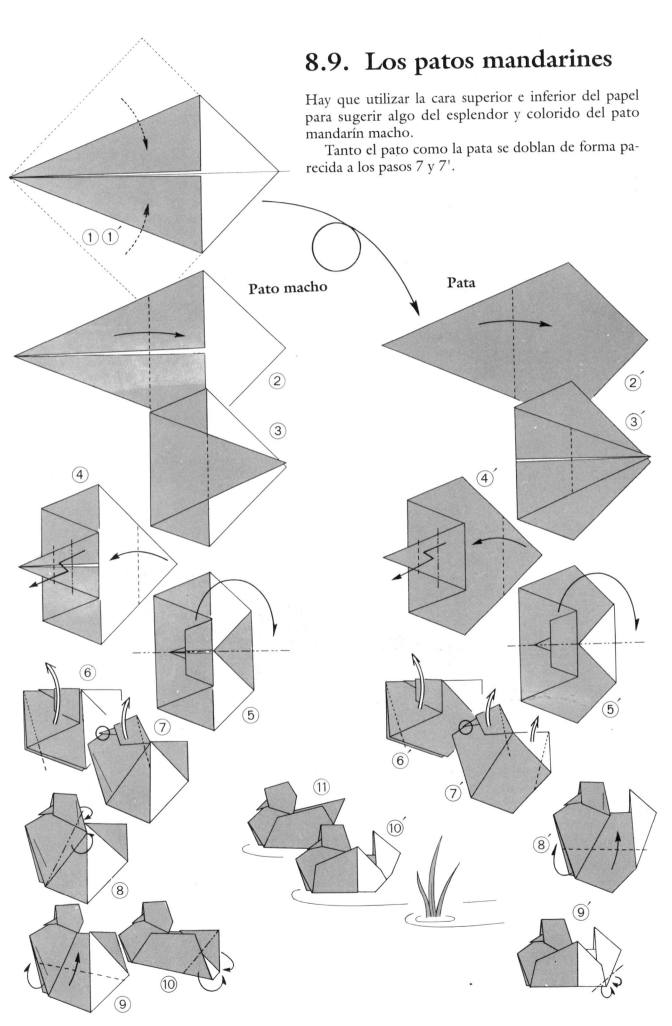

Pato macho

Pata

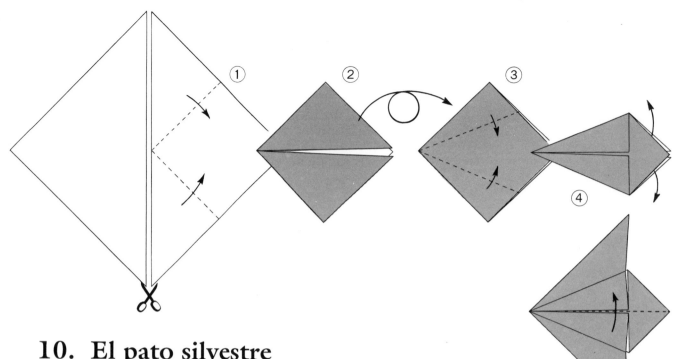

10. El pato silvestre

El pliegue básico para un triángulo isósceles recortado de un papel cuadrado partido en diagonal es el pliegue básico III.

Cualquiera que sea el pliegue básico, sin embargo, cortar el papel es un paso cómodo para representar las cosas como queramos. Si empiezan a doblar algo según los pliegues básicos y descubren que algunos de sus rasgos no les satisfacen, vuelvan al pliegue básico y sigan su proceso lógico. Haciendo eso puede que descubran que es de gran ayuda cortar. Yo he trabajado así tanto el pato como la gaviota. Aunque el efecto general de ambos queda inalterado tanto si usamos el sistema básico como si cortamos el papel, cortarlo en un triángulo suele darle al pato un mejor efecto colorista debido al contraste entre la parte superior y la inferior.

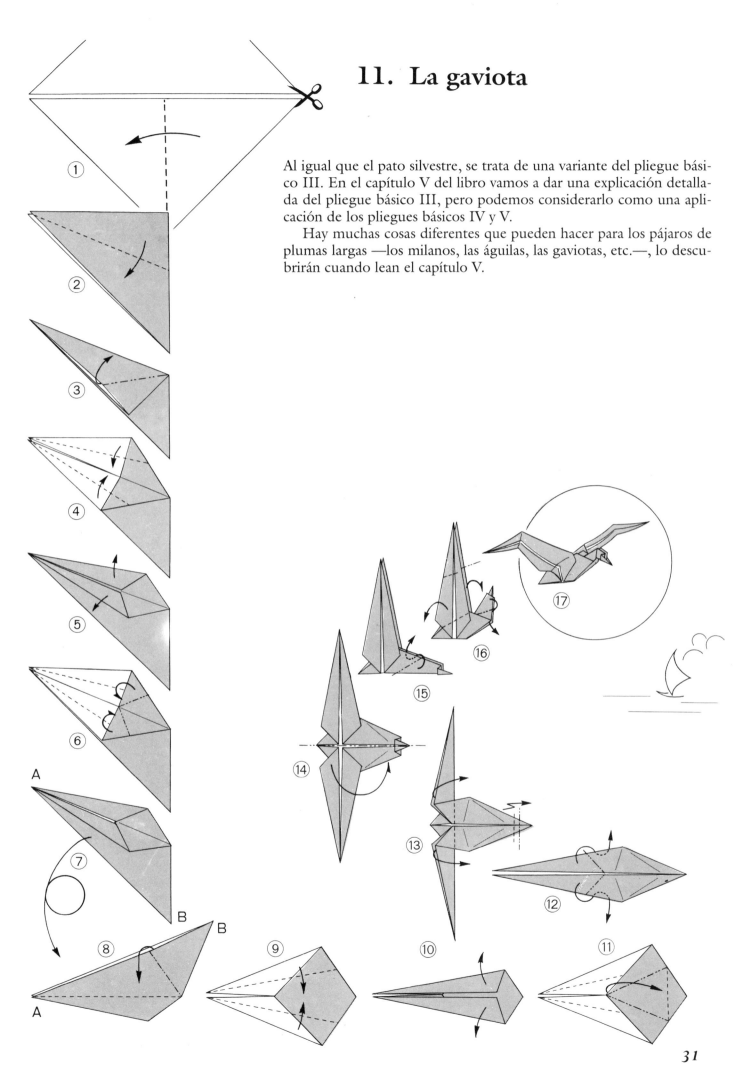

11. La gaviota

Al igual que el pato silvestre, se trata de una variante del pliegue básico III. En el capítulo V del libro vamos a dar una explicación detallada del pliegue básico III, pero podemos considerarlo como una aplicación de los pliegues básicos IV y V.

Hay muchas cosas diferentes que pueden hacer para los pájaros de plumas largas —los milanos, las águilas, las gaviotas, etc.—, lo descubrirán cuando lean el capítulo V.

12. El águila

En realidad, se trata de una variante del pliegue básico V. Si en los pasos del 5 al 8 tienen que doblar todas las puntos del mismo modo, hay que conseguir la forma básica adecuada. El paso número 11 es el más difícil. Lleven las puntas A y B a las posiciones indicadas en el paso 12, y el resto de los pliegues se pondrá en su sitio.

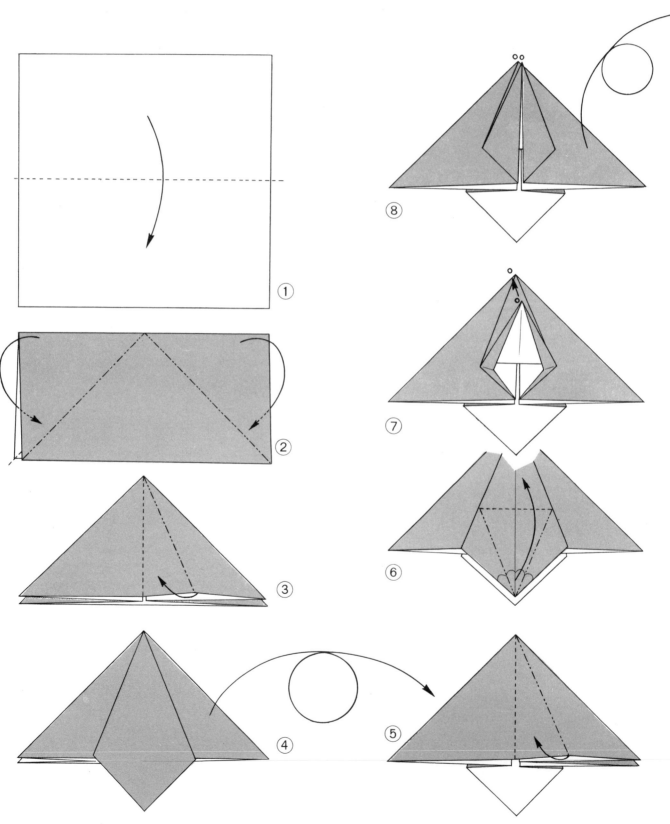

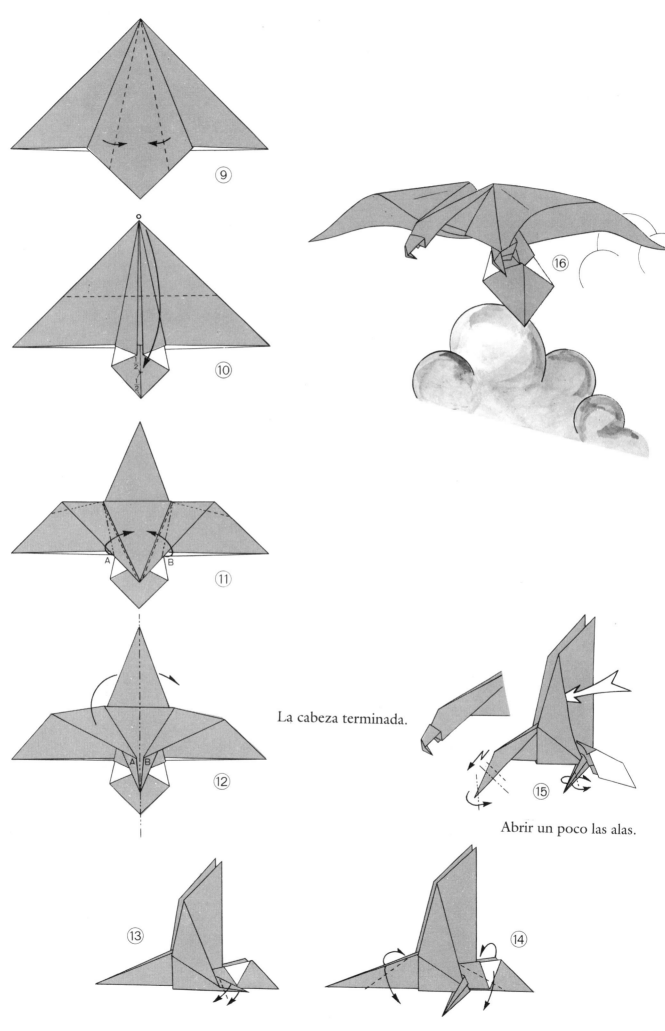

⑨

⑩

⑪

⑫

⑬

⑭

⑮

⑯

La cabeza terminada.

Abrir un poco las alas.

33

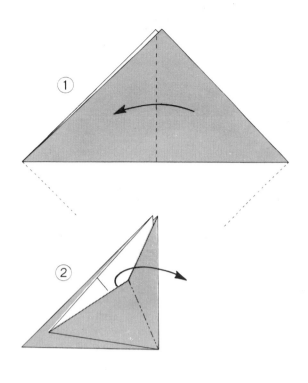

La base del pájaro

En esta página, voy a explicar cómo hay que doblar la base para el pájaro, o pliegue básico IV. Puesto que todos los pájaros de este capítulo utilizan esta base, vayan doblando unos cuantos para practicar.

La grulla, la obra maestra clásica de la papiroflexia tradicional japonesa, se dobla a partir de esta base. Todos los pliegues siguientes empezarán por el paso 10, procuren que cada vez las puntas A y B estén en las direcciones correctas.

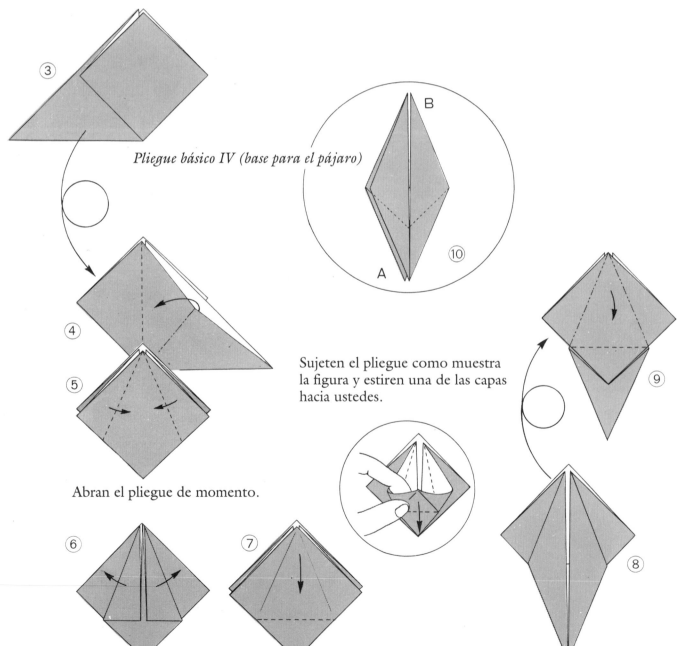

Pliegue básico IV (base para el pájaro)

Abran el pliegue de momento.

Sujeten el pliegue como muestra la figura y estiren una de las capas hacia ustedes.

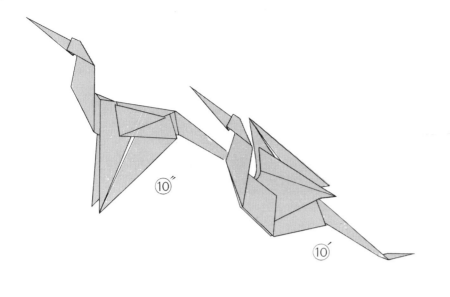

13. La cigüeña

Se trata de una modificación de la clásica grulla, que ya hemos mencionado. El paso 10 es el ave acabada, pero pueden alterar las posiciones de las alas como en el 10' y 10'' a fin de conseguir una interesante reproducción en movimiento. Podrían hacer también unas cuantas cigüeñas en distintas posturas de vuelo para que hagan un delicioso efecto plástico.

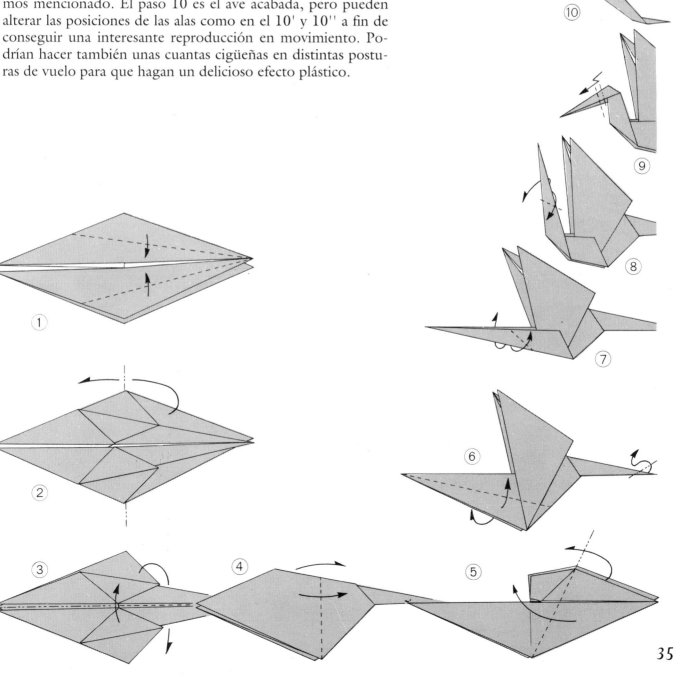

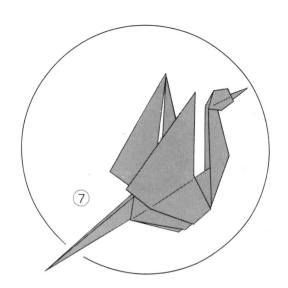

14. El faisán en vuelo

Para hacer el faisán volador, doblen el paso 6 de la cigüeña; a continuación, cambien la sección de la cabeza como aparece más abajo. Vamos a utilizar lo que han sido las patas de la cigüeña para la cola larga del faisán. Practicar estas variaciones sobre las formas es uno de los placeres típicos de la papiroflexia.

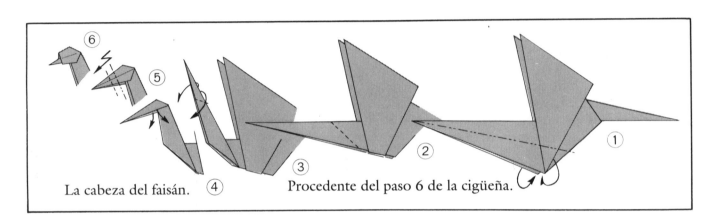

La cabeza del faisán.

Procedente del paso 6 de la cigüeña.

15. El faisán parado

Vamos a hacer ahora un faisán parado en el suelo y mirando hacia el faisán en vuelo. Si los ponemos juntos como en la foto, sugieren una pareja de faisanes.

Vamos a empezar por el paso 3 de la cigüeña. Para doblar las patas en el paso 12, sigan las instrucciones de la página 20.

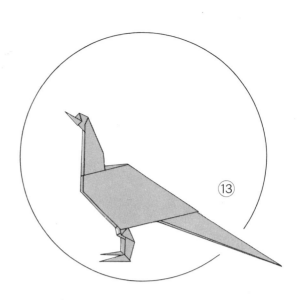

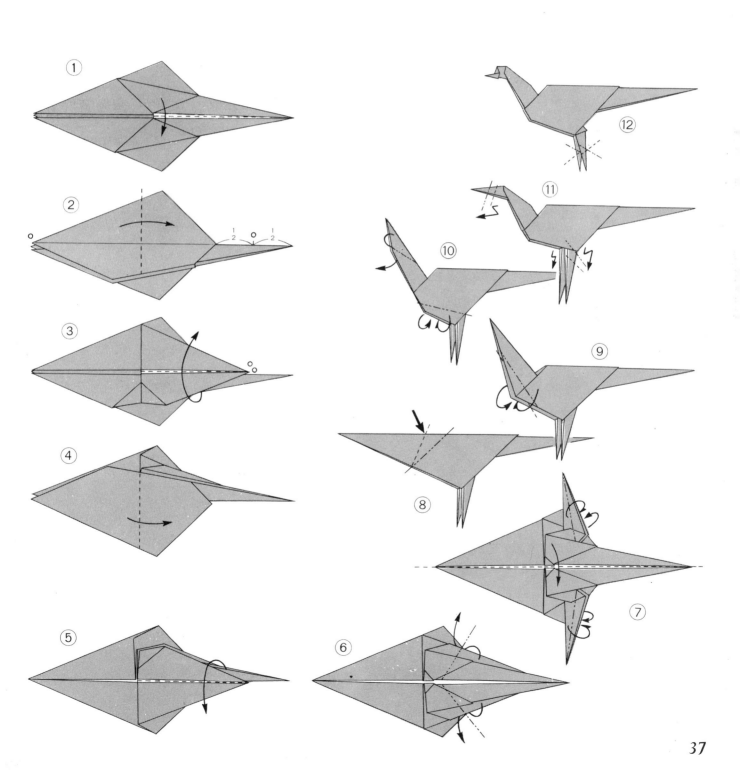

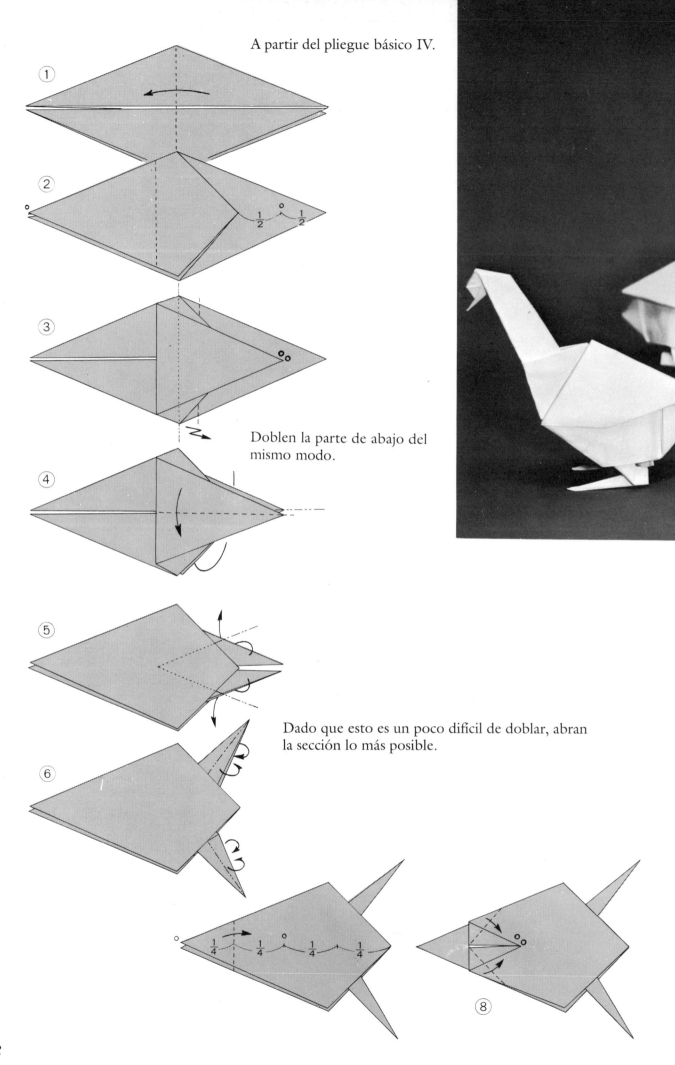

A partir del pliegue básico IV.

Doblen la parte de abajo del mismo modo.

Dado que esto es un poco difícil de doblar, abran la sección lo más posible.

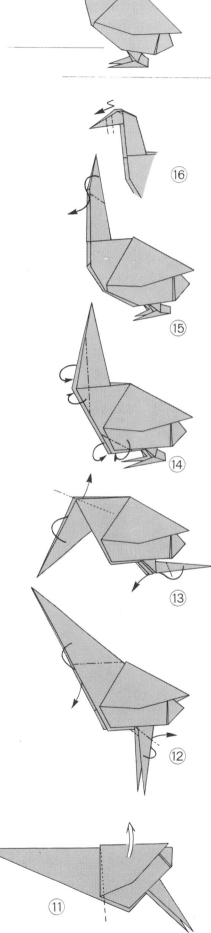

16. El pato

Ahora vamos a tratar de hacer un pato, un ave tan querida para nosotros como el pollo. Hagan una bandada y pónganlos sobre su escritorio. Le harán disfrutar muchísimo. Podrían tratar de combinar un cisne pequeño con sus patos para su versión personal del cuento del patito feo. Intenten hacer sus patos, mediante la papiroflexia, tan rebosantes de vida como los patos verdaderos.

17. Pelícano

Es mi figura favorita. Con su gran pico abierto y su bolsa llena de peces, el pelícano, tanto si anda como si vuela, es incluso más vivaracho que el pato.

En el paso 13, estiren hacia fuera la superficie interna de la mitad inferior del pico. En el paso 15, utilicen sus dedos para empujar la bolsa hacia fuera. Aumentarán aún más el efecto si doblan ligeramente hacia abajo la punta superior del pico.

Empiecen por el pliegue básico IV.

Doblen hacia dentro.

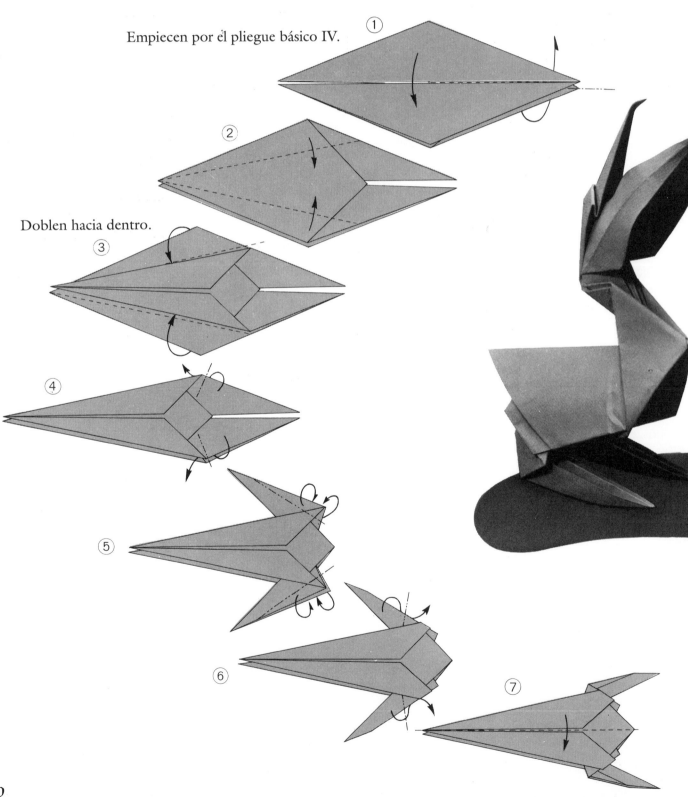

⑯

⑮

⑭

⑬

⑫

⑪

⑩

⑨

⑧

41

18. El periquito

Los picos grandes y duros son los rasgos característicos de los loros y de los periquitos. Para sacar este rasgo mediante la papiroflexia, hagan picos anchos. Tienen que utilizar papel llamativo para realzar los colores brillantes de las aves de los trópicos. Procuren hacer el corte para la cresta del pájaro: un loro no es un loro si no tiene cresta.

Doblen de forma que las líneas A, B y C queden paralelas.

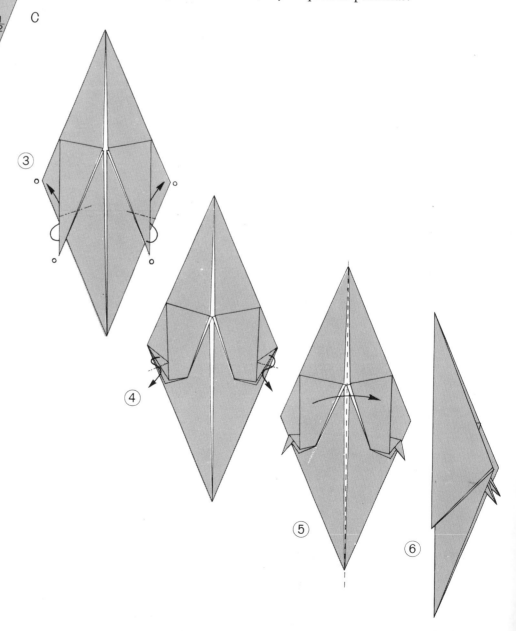

La cabeza

⑫‴ ⑫″ ⑫′

⑫

⑪

⑩

⑨

⑧

⑦

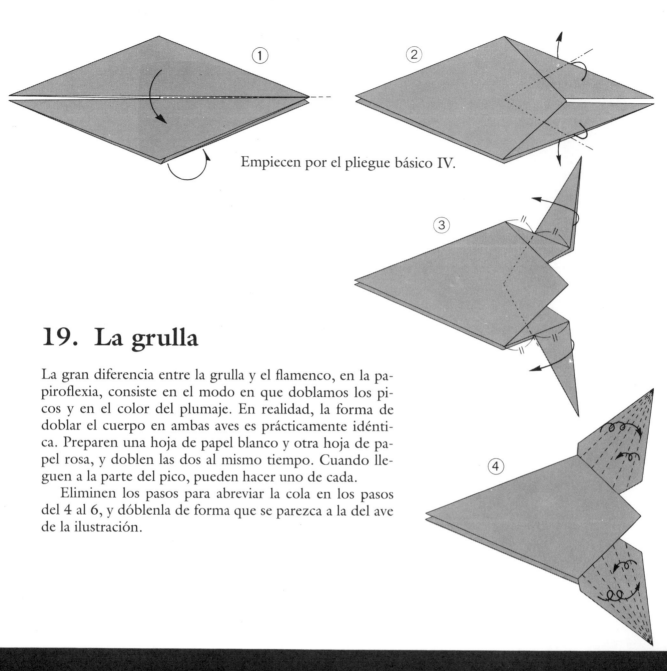

Empiecen por el pliegue básico IV.

19. La grulla

La gran diferencia entre la grulla y el flamenco, en la papiroflexia, consiste en el modo en que doblamos los picos y en el color del plumaje. En realidad, la forma de doblar el cuerpo en ambas aves es prácticamente idéntica. Preparen una hoja de papel blanco y otra hoja de papel rosa, y doblen las dos al mismo tiempo. Cuando lleguen a la parte del pico, pueden hacer uno de cada.

Eliminen los pasos para abreviar la cola en los pasos del 4 al 6, y dóblenla de forma que se parezca a la del ave de la ilustración.

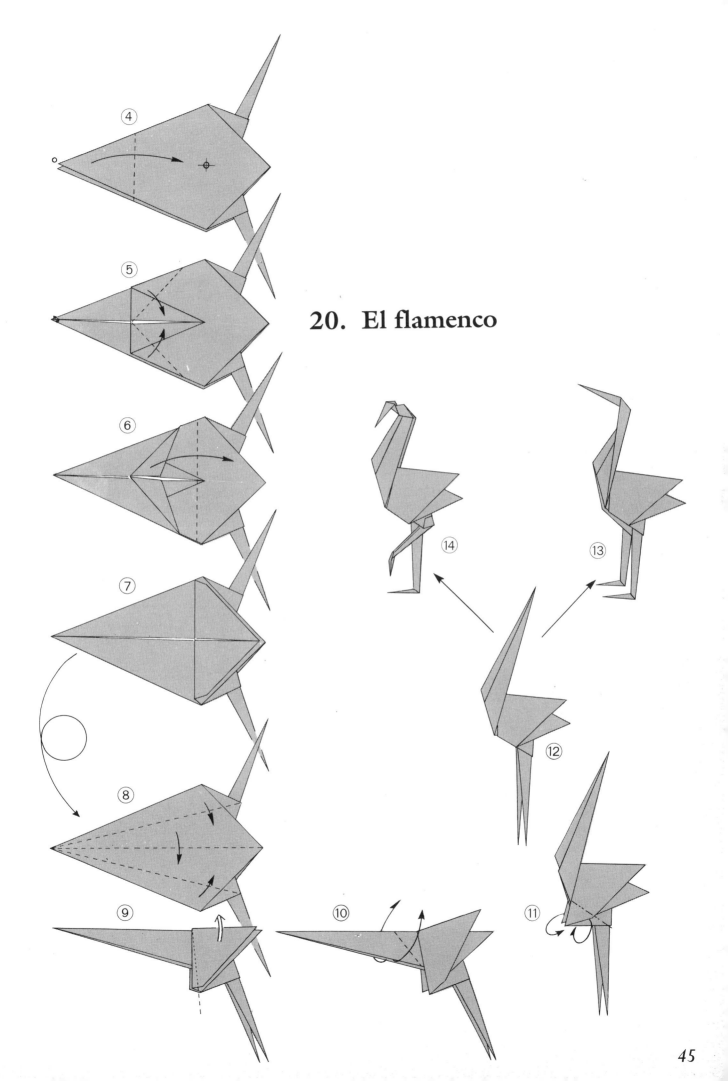

20. El flamenco

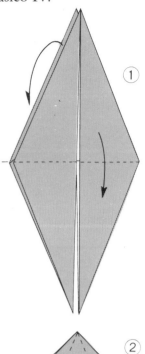

Abran un poco el pliegue.

21. El búho

El extraño y cómico búho resulta algo diferente en la papiroflexia, y la verdad es que es bastante complicado representarlo correctamente. Tal vez piensen que se podría hacer sin estos pequeños cambios. ¿Por qué no intentan encontrar el modo de representar los ojos tan característicos del búho?

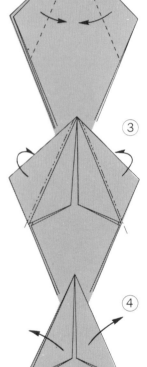

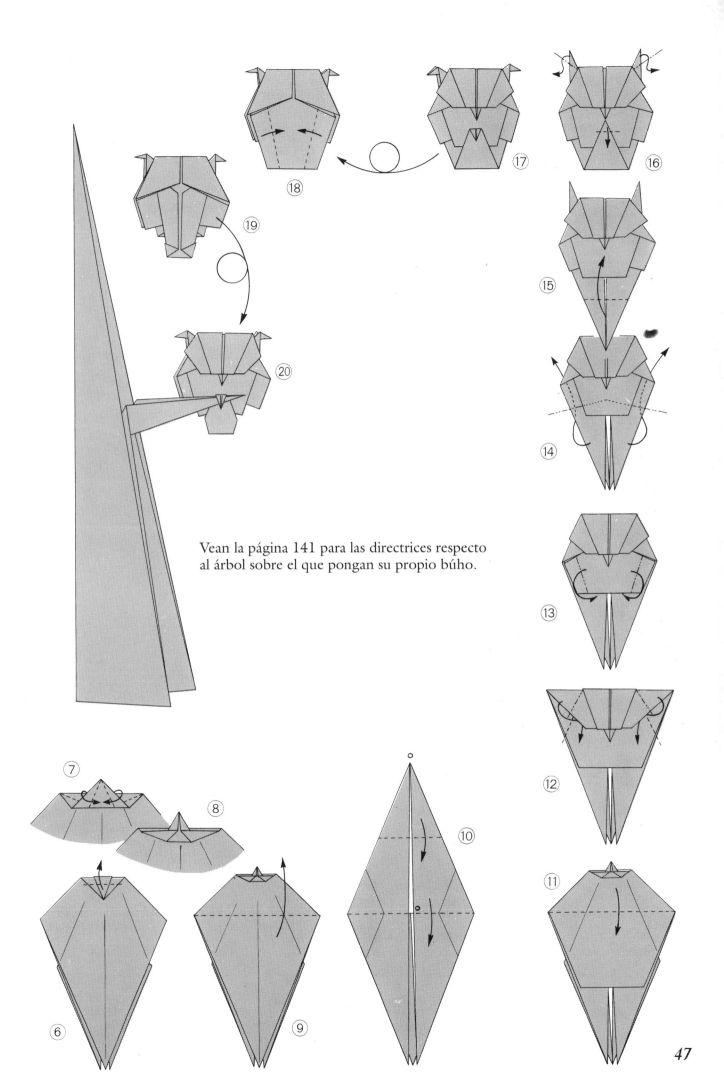

Vean la página 141 para las directrices respecto
al árbol sobre el que pongan su propio búho.

47

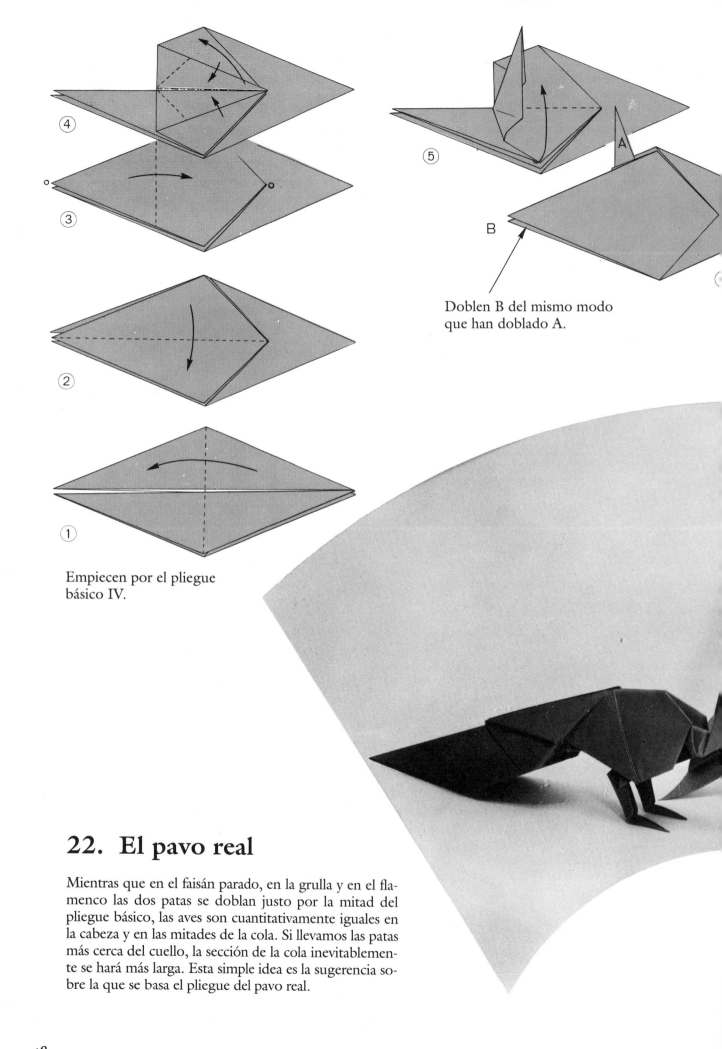

④

③

Doblen B del mismo modo
que han doblado A.

②

①

Empiecen por el pliegue
básico IV.

22. El pavo real

Mientras que en el faisán parado, en la grulla y en el flamenco las dos patas se doblan justo por la mitad del
pliegue básico, las aves son cuantitativamente iguales en
la cabeza y en las mitades de la cola. Si llevamos las patas
más cerca del cuello, la sección de la cola inevitablemen-
te se hará más larga. Esta simple idea es la sugerencia sobre la que se basa el pliegue del pavo real.

7

8

9

10

11

12

13

14

15

A

B

C

D

E

F

49

23. El pavo real contoneándose

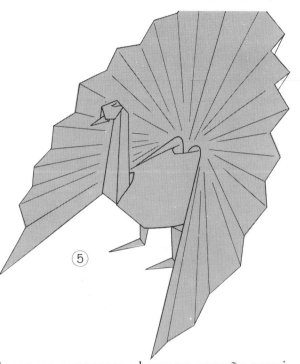

⑤

Supongan que vamos a hacer un pequeño experimento. Siguiendo las indicaciones de las figuras de abajo, hagan un pavo real que se contonea.

④

②´

③

Pliegue básico III.

②

①´

①

24. El pollo de la cola larga

Éste es otro experimento. El pollo de la cola larga sólo se cría en Japón, y el pájaro lira sólo en Australia. Amba aves son insólitas, y tiene que ser entretenido para uste des doblarlas siguiendo las sugerencias para el pavo re como punto de partida. El producto acabado ha de p recerse al de la foto. Ya hemos explicado cómo hay q doblar cada una de las partes del individuo.

El pájaro lira

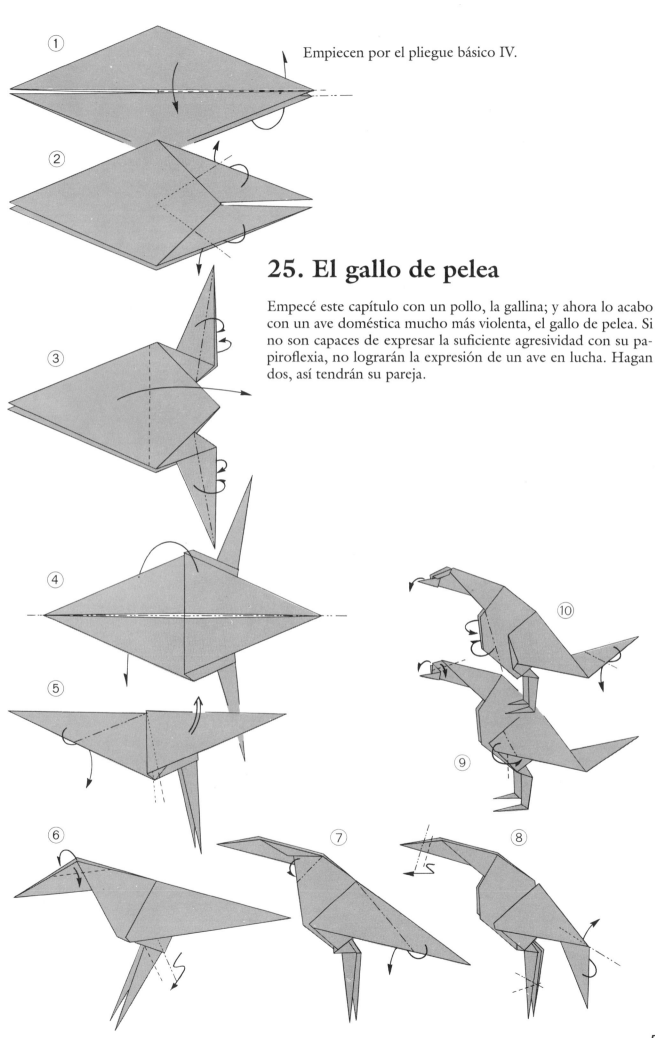

① Empiecen por el pliegue básico IV.

②

25. El gallo de pelea

Empecé este capítulo con un pollo, la gallina; y ahora lo acabo con un ave doméstica mucho más violenta, el gallo de pelea. Si no son capaces de expresar la suficiente agresividad con su papiroflexia, no lograrán la expresión de un ave en lucha. Hagan dos, así tendrán su pareja.

③

④

⑤

⑥

⑦

⑧

⑨

⑩

A pesar de que los animales son el tema más idóneo para la papiroflexia, todos ellos presentan dificultades en el número de sus partes: cuatro patas, dos orejas y un rabo. Tener que doblar todos estos puntos con una sencilla hoja de papel hace que nos apartemos de la lógica aproximación a la creatividad. Al mono, al elefante y al perrito que he doblado en estas dos páginas les faltan todas sus patas, sin embargo, creo que sus expresiones están logradas. ¿No es así? Todos ellos son fáciles de hacer, y no tendrán ningún problema si siguen fielmente las instrucciones.

26. El mono pequeño

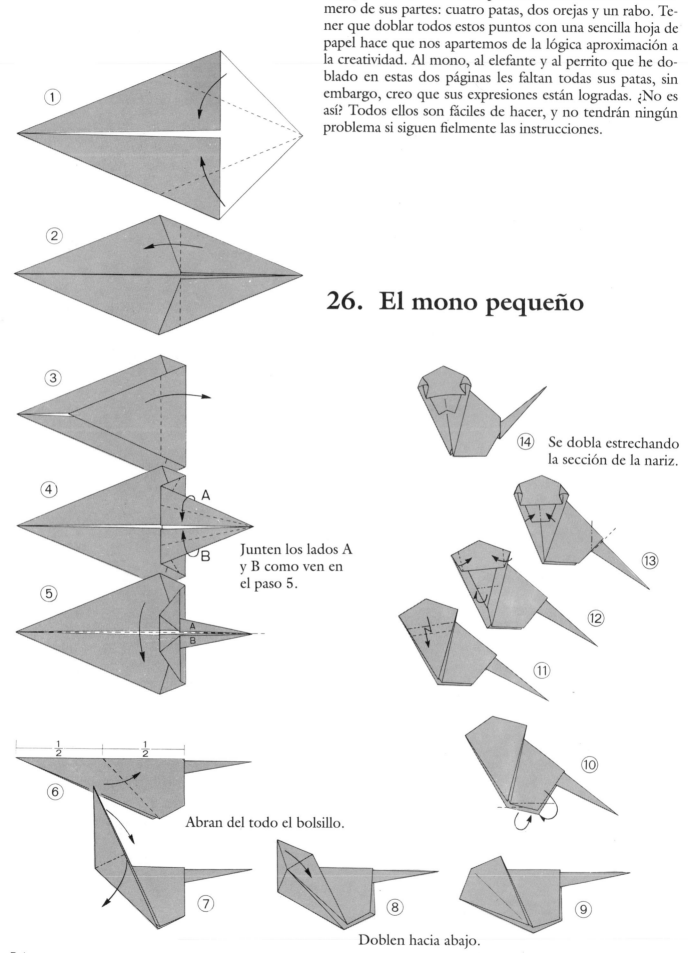

Junten los lados A y B como ven en el paso 5.

Abran del todo el bolsillo.

Doblen hacia abajo.

⑭ Se dobla estrechando la sección de la nariz.

54

27. El elefantito

28. El perrito

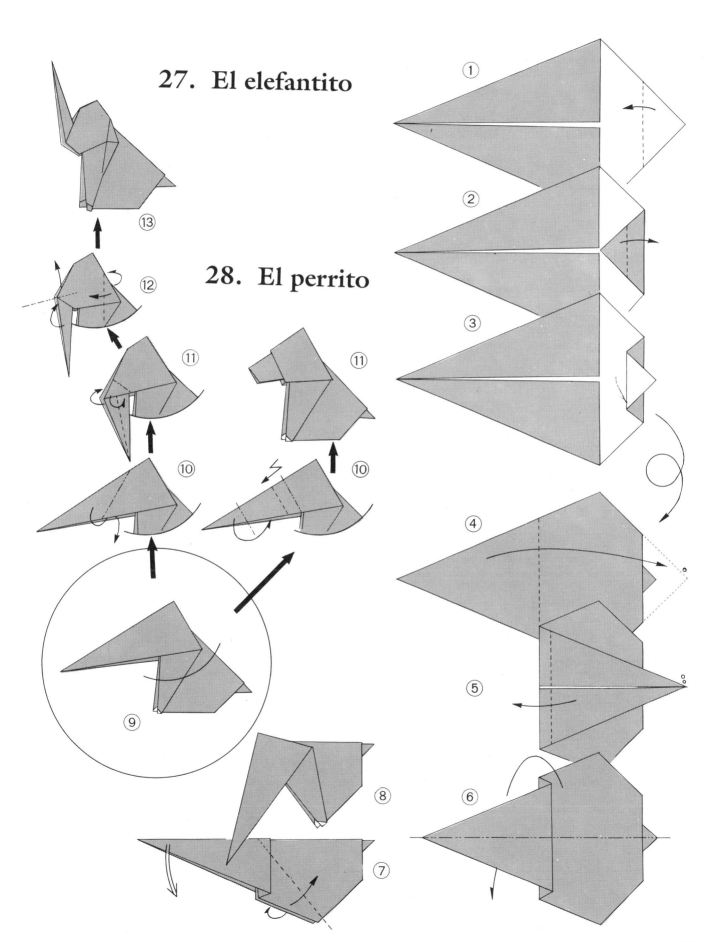

55

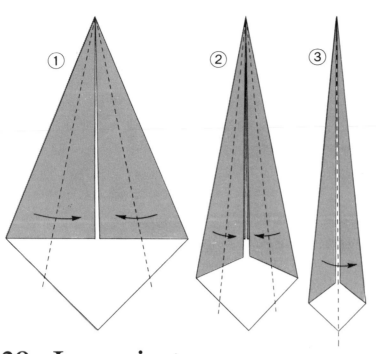

29. La serpiente

Aunque a primera vista les parezca que una serpiente es fácil de doblar, en realidad es un tema bastante difícil de trabajar.

Los pasos del 5 al 14 son una serie de pliegues en forma de bolsillo y capucha. En el paso 15, vuelvan la cabeza de la serpiente hacia ustedes.

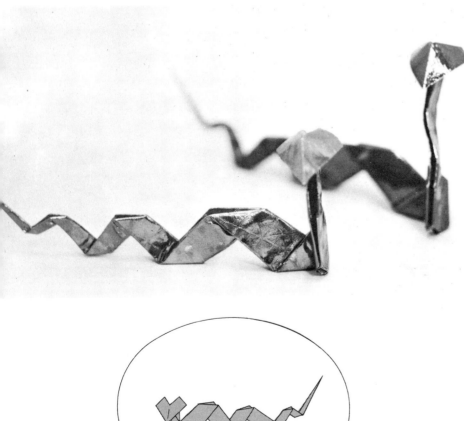

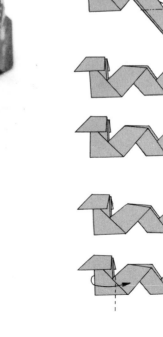

30. La ardilla

En esta encantadora pequeña ardilla utilizo la parte de abajo del papel sólo para las orejas.

El paso 3 se llama pliegue básico II. Recuérdenlo; volverán a verlo. El método para abrir las orejas en los pasos 11'. 11'' y 11''' volverá a aparecer más adelante. Estúdienlo atentamente.

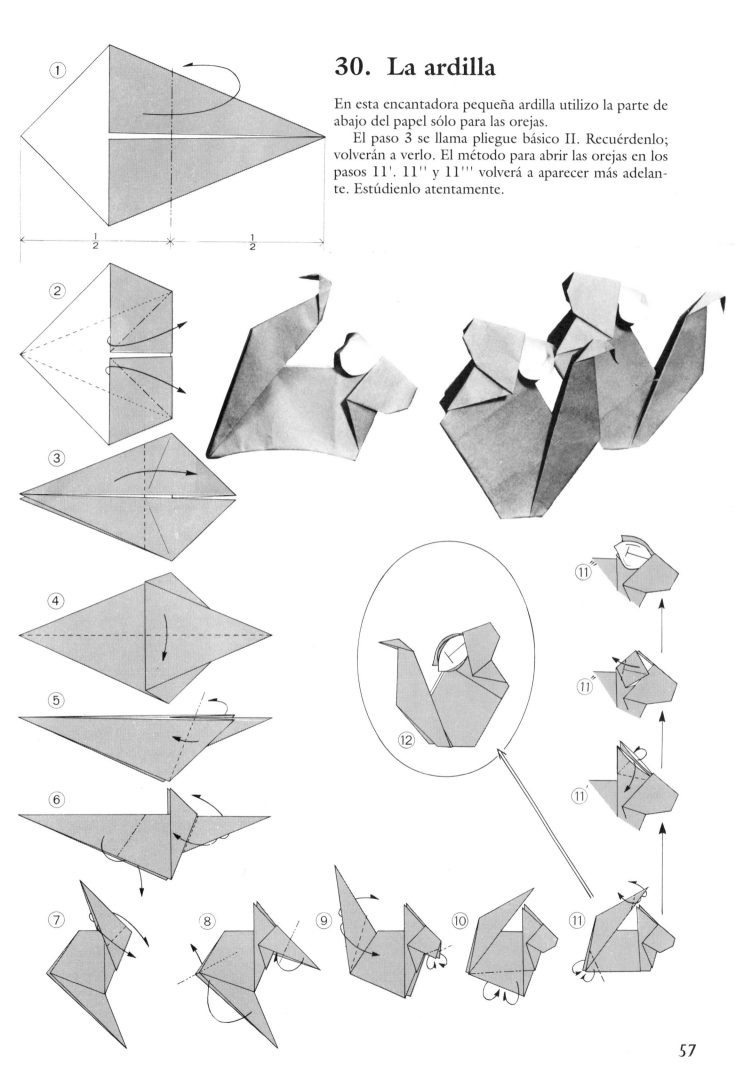

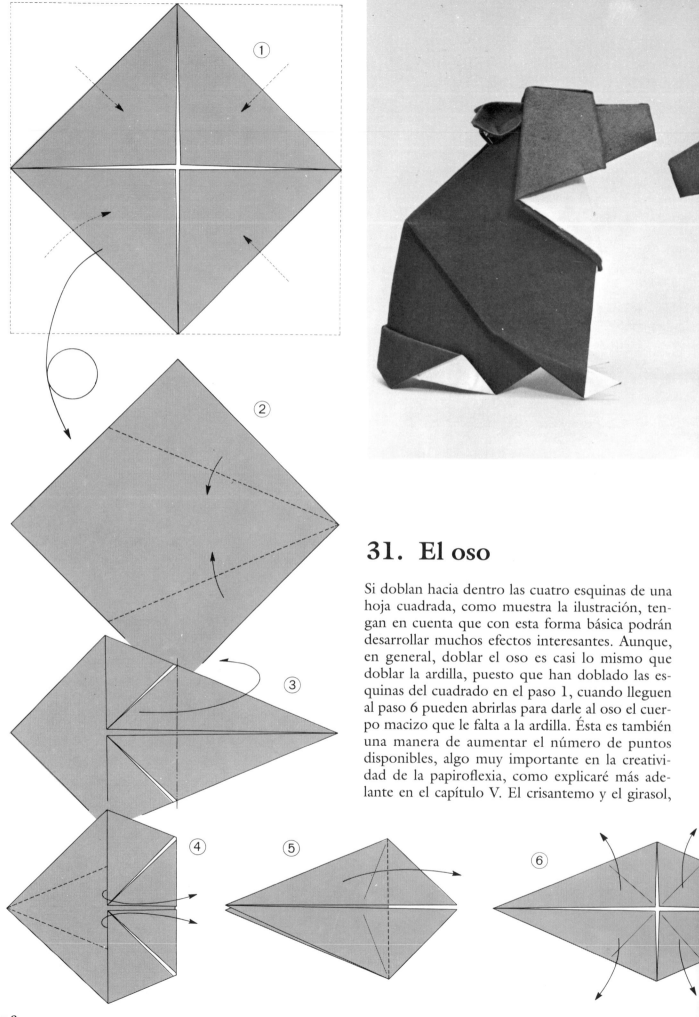

31. El oso

Si doblan hacia dentro las cuatro esquinas de una hoja cuadrada, como muestra la ilustración, tengan en cuenta que con esta forma básica podrán desarrollar muchos efectos interesantes. Aunque, en general, doblar el oso es casi lo mismo que doblar la ardilla, puesto que han doblado las esquinas del cuadrado en el paso 1, cuando lleguen al paso 6 pueden abrirlas para darle al oso el cuerpo macizo que le falta a la ardilla. Ésta es también una manera de aumentar el número de puntos disponibles, algo muy importante en la creatividad de la papiroflexia, como explicaré más adelante en el capítulo V. El crisantemo y el girasol,

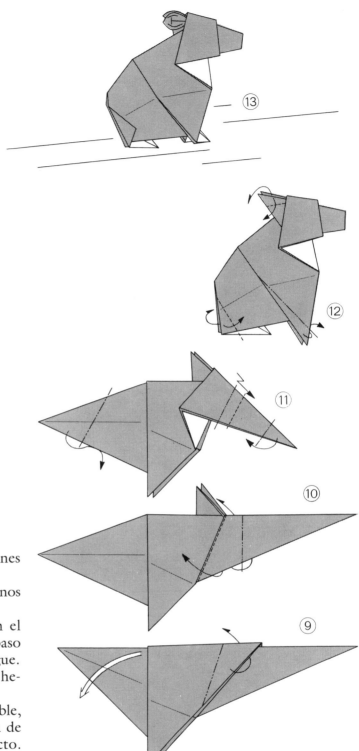

como veremos en el capítulo III, son aplicaciones del mismo método.

1. Doblar el punto A hacia dentro en el paso 7 nos permite representar la forma del cuello del oso.

2. Para el pliegue en forma de capucha en el paso 10 y el pliegue en forma de escalera del paso 11, les será más cómodo abrir un poco el pliegue.

3. Abran las orejas en el paso 12 como han hecho con la ardilla.

4. Si el oso acabado tiene un equilibrio inestable, se debe a que el ángulo del pliegue en forma de bolsillo en las patas delanteras no es correcto. Procuren que el oso quede cuadrado.

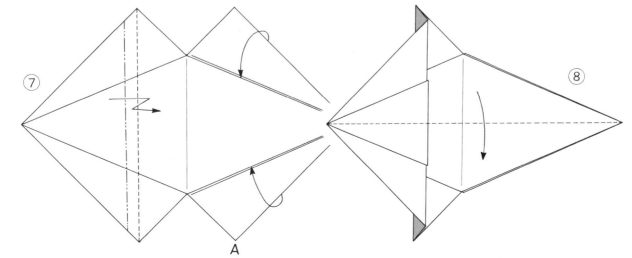

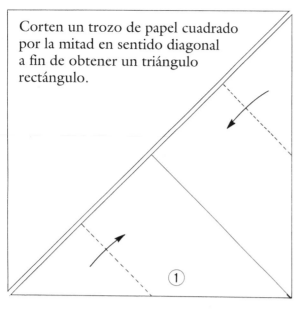

Corten un trozo de papel cuadrado por la mitad en sentido diagonal a fin de obtener un triángulo rectángulo.

32. El ratón

Las tres figuras que vienen a continuación, el ratón, el mono y el gorila, se hacen con trozos de papel triangular. Como hicieron con el pato silvestre y la gaviota en el capítulo I, podrían hacer estas figuras con trozos de papel cuadrado, pero si utilizan un triángulo tienen la ventaja de poder conseguir un contraste de color en el rabo, y, si son hábiles, en las orejas también.

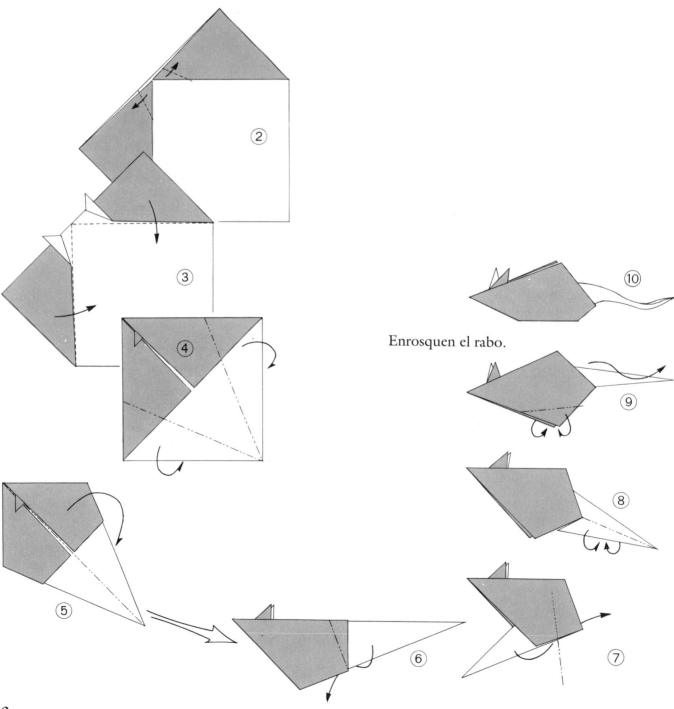

Enrosquen el rabo.

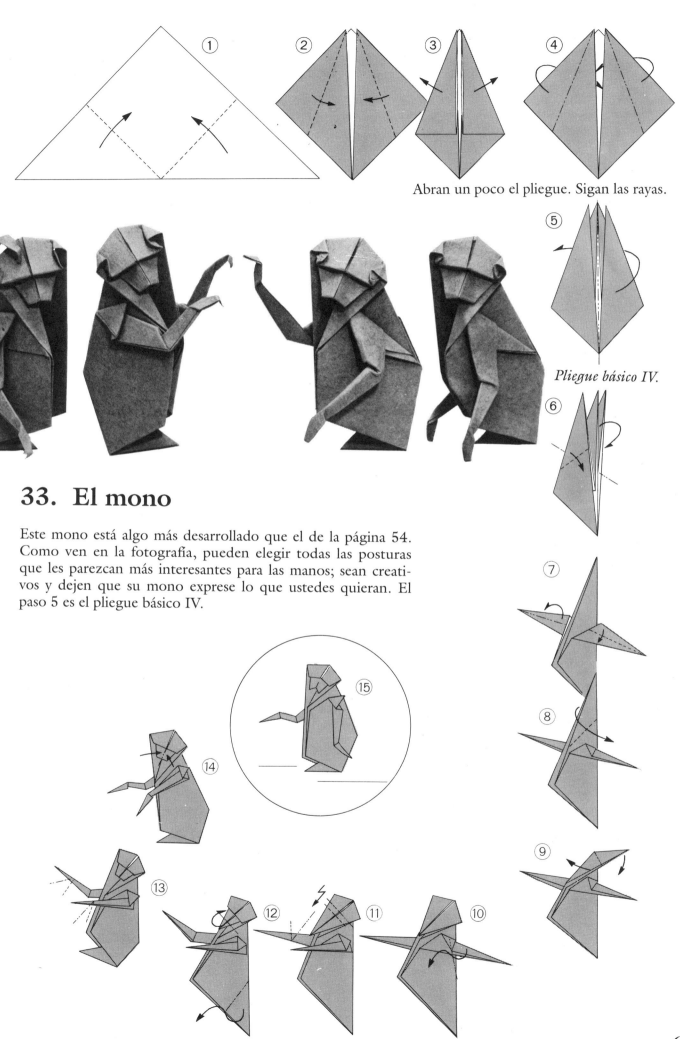

Abran un poco el pliegue. Sigan las rayas.

Pliegue básico IV.

33. El mono

Este mono está algo más desarrollado que el de la página 54. Como ven en la fotografía, pueden elegir todas las posturas que les parezcan más interesantes para las manos; sean creativos y dejen que su mono exprese lo que ustedes quieran. El paso 5 es el pliegue básico IV.

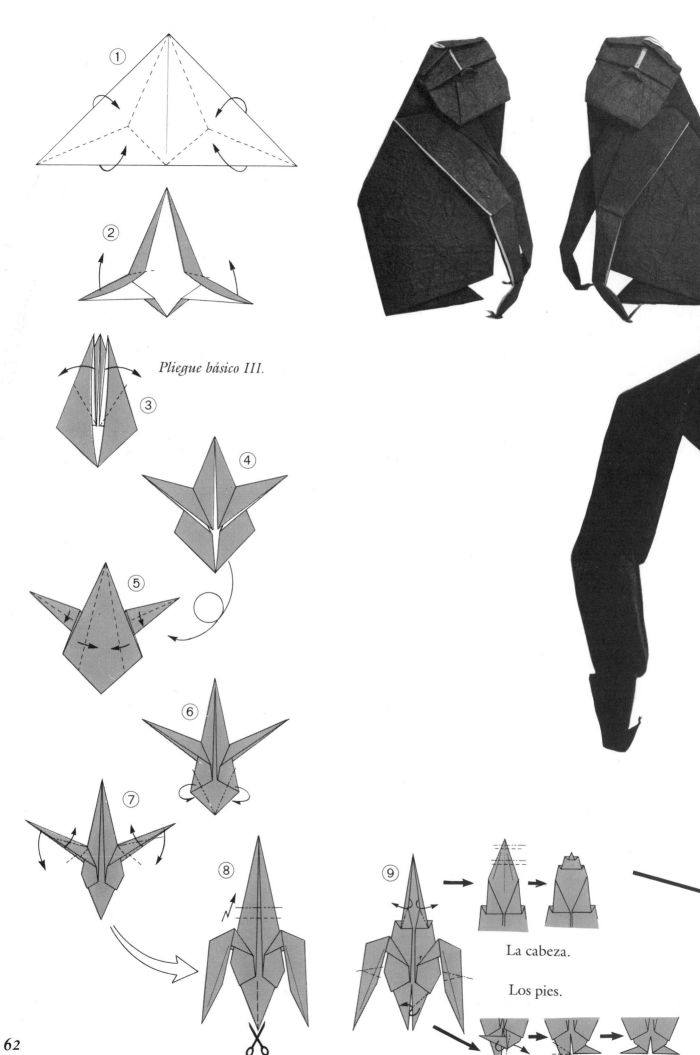

Pliegue básico III.

La cabeza.

Los pies.

34. El gorila

Conseguirán un efecto mejor para el gorila si utilizan un trozo de papel que sea lo más grande posible.

Cuando la cara del gorila no funciona como debiera, vayan al capítulo IV, y practiquen con la máscara.

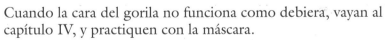

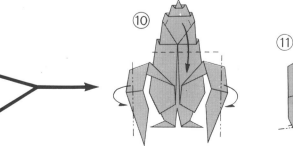

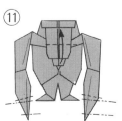

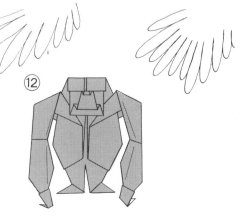

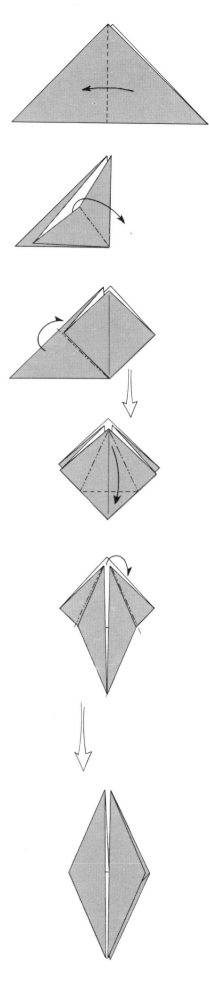

Combinando la misma serie de figuras de maneras nuevas y diferentes, tienen completa libertad para trabajar tantas variantes como quieran.

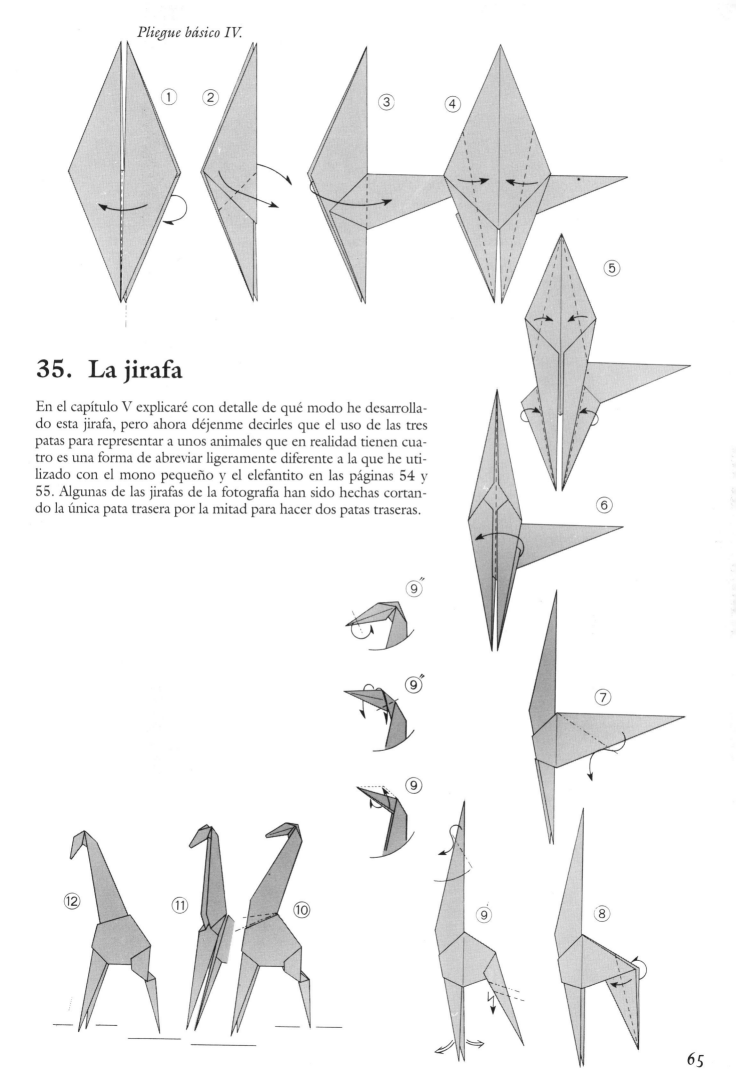

35. La jirafa

En el capítulo V explicaré con detalle de qué modo he desarrollado esta jirafa, pero ahora déjenme decirles que el uso de las tres patas para representar a unos animales que en realidad tienen cuatro es una forma de abreviar ligeramente diferente a la que he utilizado con el mono pequeño y el elefantito en las páginas 54 y 55. Algunas de las jirafas de la fotografía han sido hechas cortando la única pata trasera por la mitad para hacer dos patas traseras.

Observen que en este caso utilizo el pliegue
básico IV de arriba abajo.

Abran un poco el pliegue.

⑦

36. El camello

Una vez más, estamos utilizando sólo tres patas para representar cuatro. El hombre que en la foto conduce al camello es el pastor del capítulo IV.

⑧

⑨

Sigan las rayas.

⑩

⑭

⑪

⑫

⑬

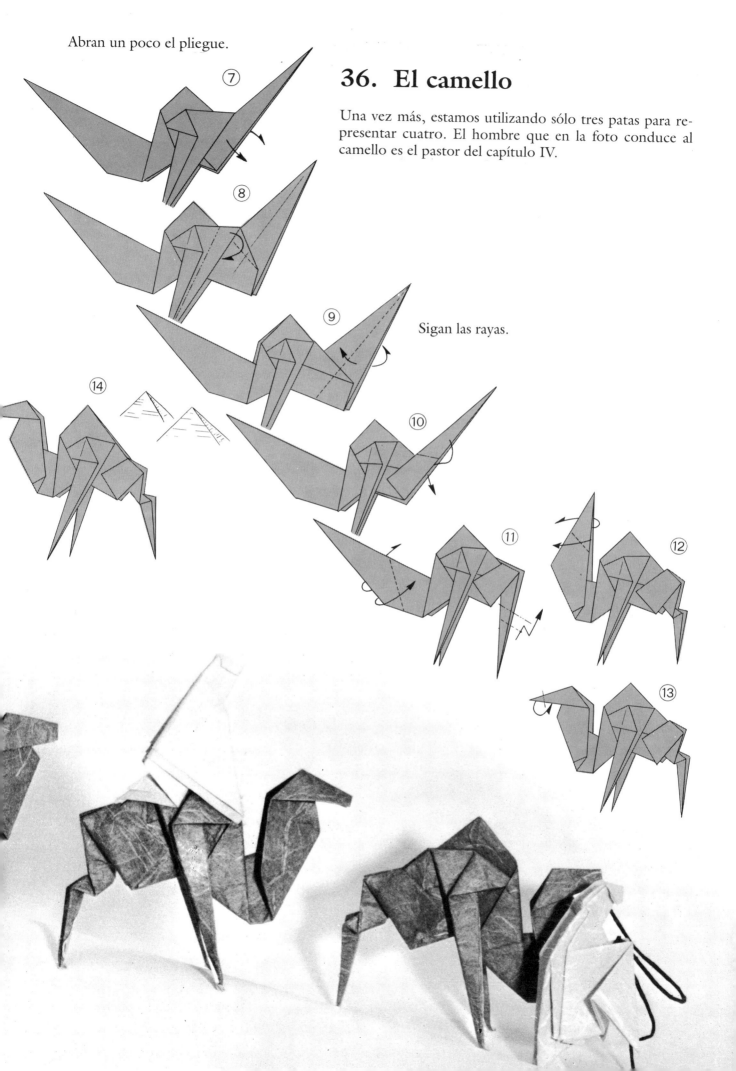

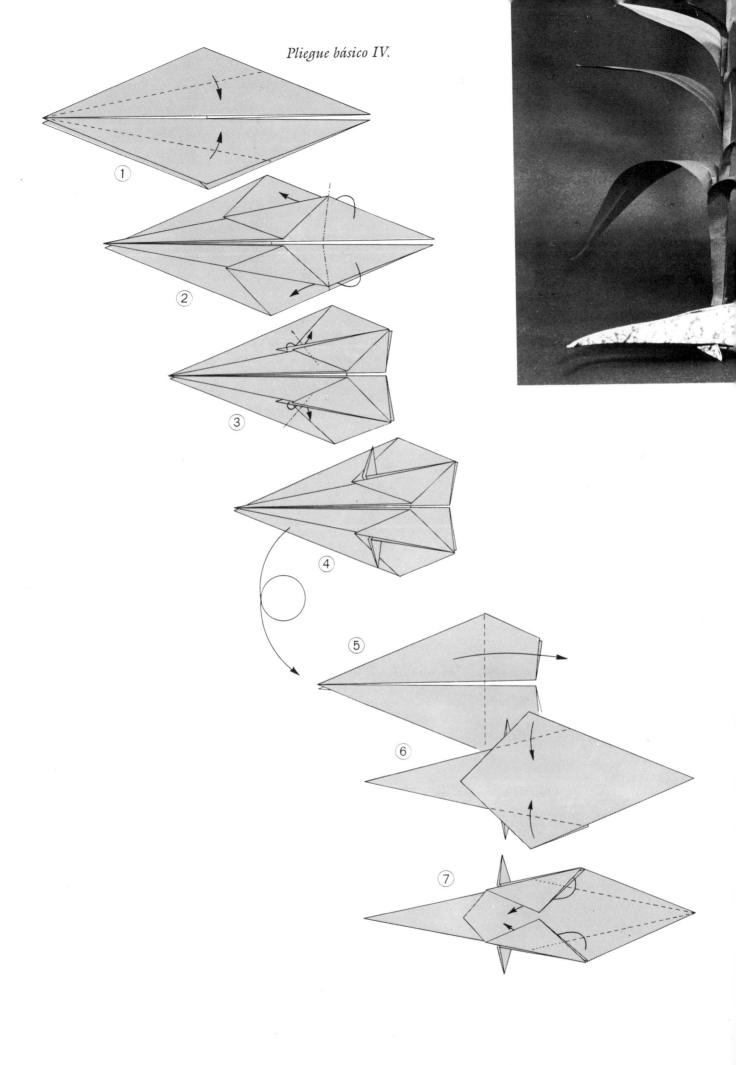

Pliegue básico IV.

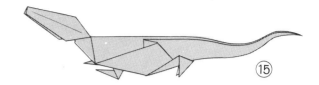

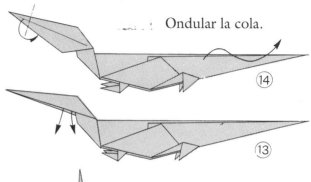

Ondular la cola.

37. El lagarto

Con el pliegue básico IV se pueden hacer ciertos animales de patas cortas, como por ejemplo el lagarto.

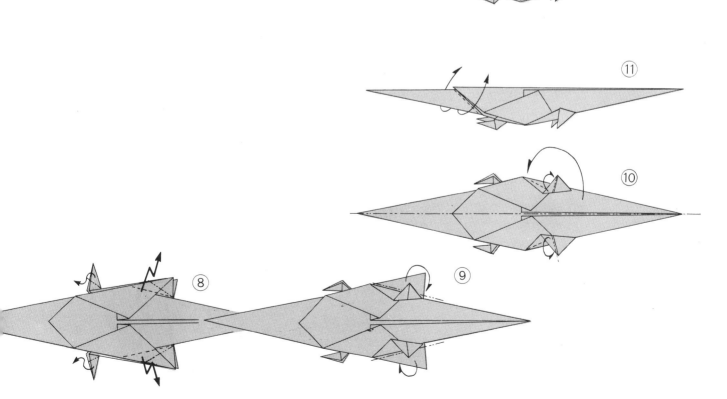

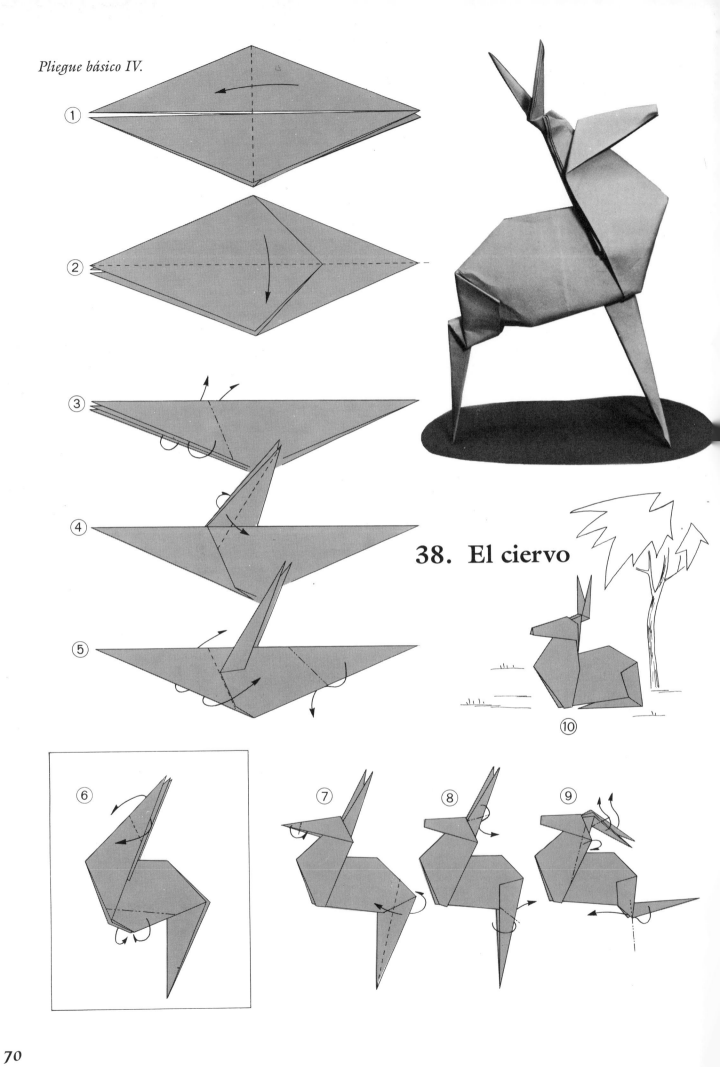

Pliegue básico IV.

① ② ③ ④ ⑤ ⑥ ⑦ ⑧ ⑨ ⑩

38. El ciervo

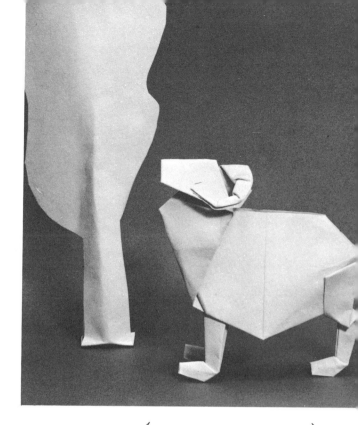

Los animales sentados son buenos para la papiroflexia porque las patas están escondidas y así nuestro trabajo es más fácil, pero debemos procurar expresar todas las características del animal, incluso en esta postura. Tanto el ciervo como el carnero se hacen del mismo modo que el paso 6, en el que, utilizando ciertos trucos al doblar, podemos hacer dos animales completamente diferentes. Una vez que hayamos hecho la forma sentada, con la ayuda de las partes auxiliares, de las que hablaremos en el capítulo V, podemos fácilmente hacer una versión de pie a cuatro patas.

39. El carnero

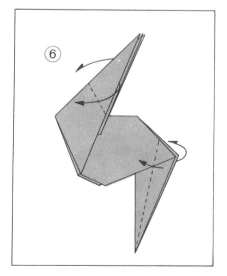

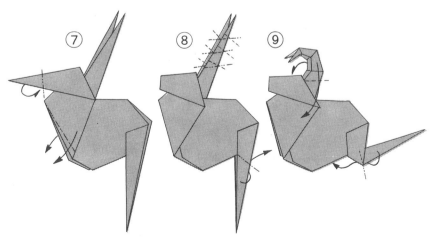

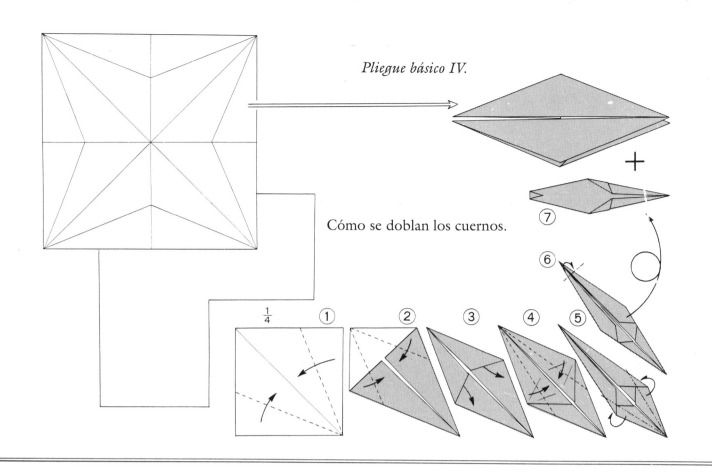

Pliegue básico IV.

Cómo se doblan los cuernos.

$\frac{1}{4}$

① ② ③ ④ ⑤ ⑥ ⑦

+

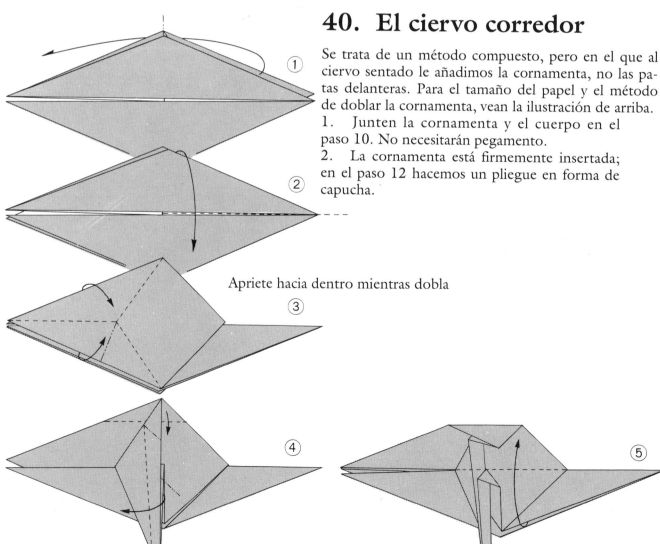

40. El ciervo corredor

Se trata de un método compuesto, pero en el que al ciervo sentado le añadimos la cornamenta, no las patas delanteras. Para el tamaño del papel y el método de doblar la cornamenta, vean la ilustración de arriba.
1. Junten la cornamenta y el cuerpo en el paso 10. No necesitarán pegamento.
2. La cornamenta está firmemente insertada; en el paso 12 hacemos un pliegue en forma de capucha.

Apriete hacia dentro mientras dobla

① ② ③ ④ ⑤

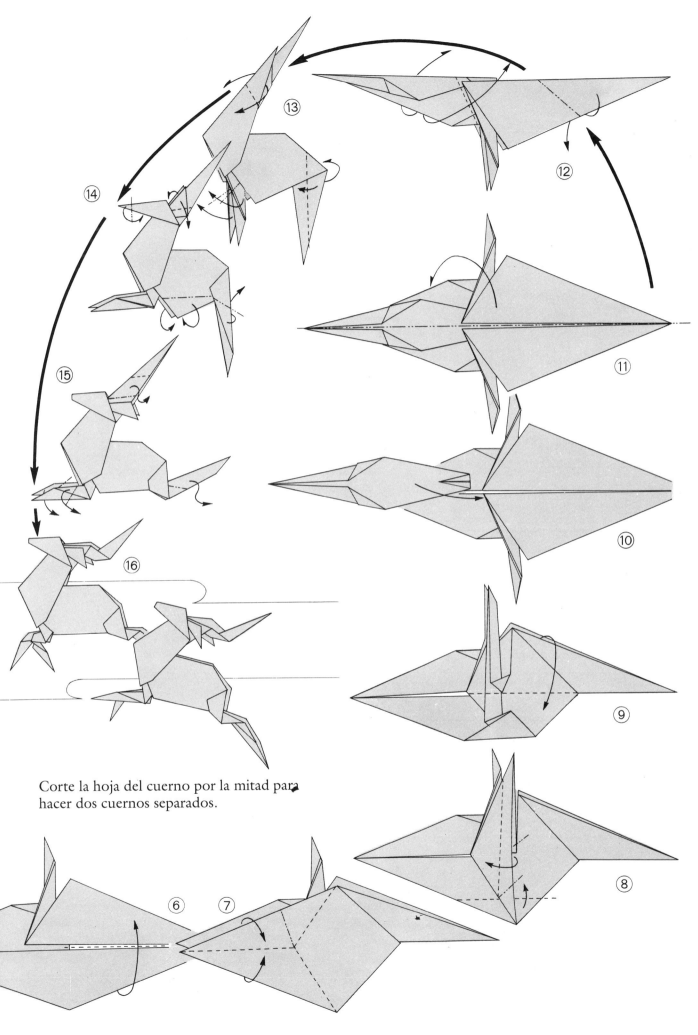

Corte la hoja del cuerno por la mitad para
hacer dos cuernos separados.

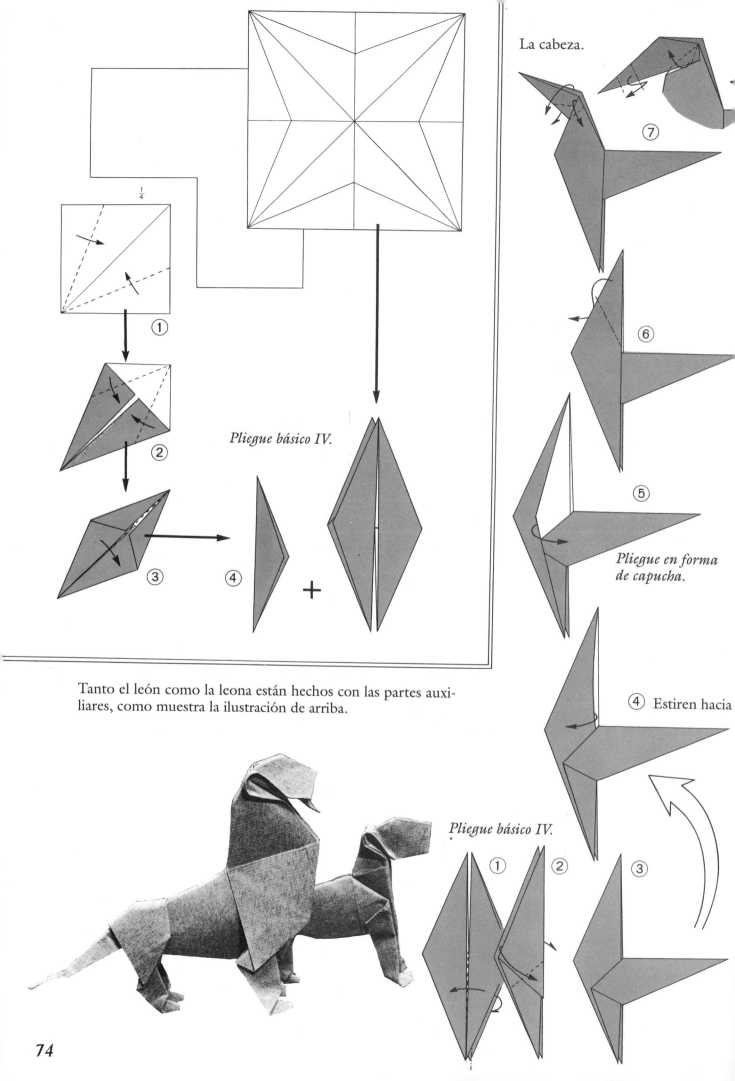

$\frac{1}{4}$

①

②

③

④ +

Pliegue básico IV.

La cabeza.

⑦

⑥

⑤

Pliegue en forma
de capucha.

④ Estiren hacia

Pliegue básico IV.

① ② ③

Tanto el león como la leona están hechos con las partes auxiliares, como muestra la ilustración de arriba.

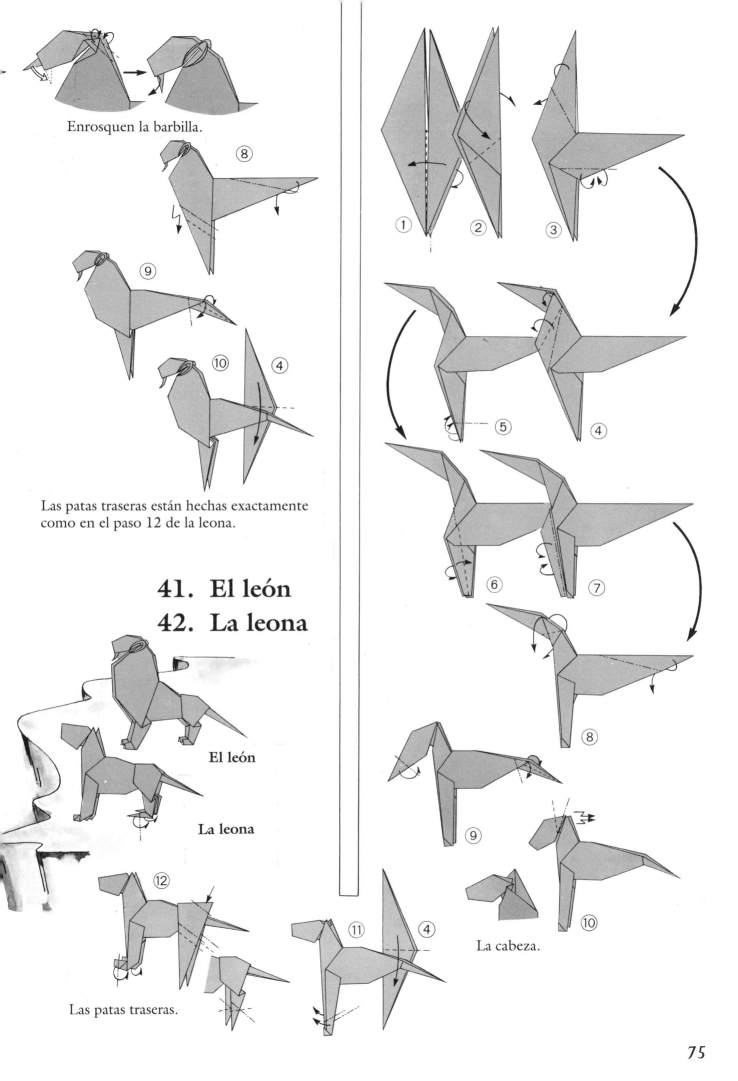

Enrosquen la barbilla.

⑧

⑨

⑩ ④

Las patas traseras están hechas exactamente como en el paso 12 de la leona.

41. El león
42. La leona

El león

La leona

⑫

Las patas traseras.

① ② ③

⑤ ④

⑥ ⑦

⑧

⑨

⑩

La cabeza.

⑪ ④

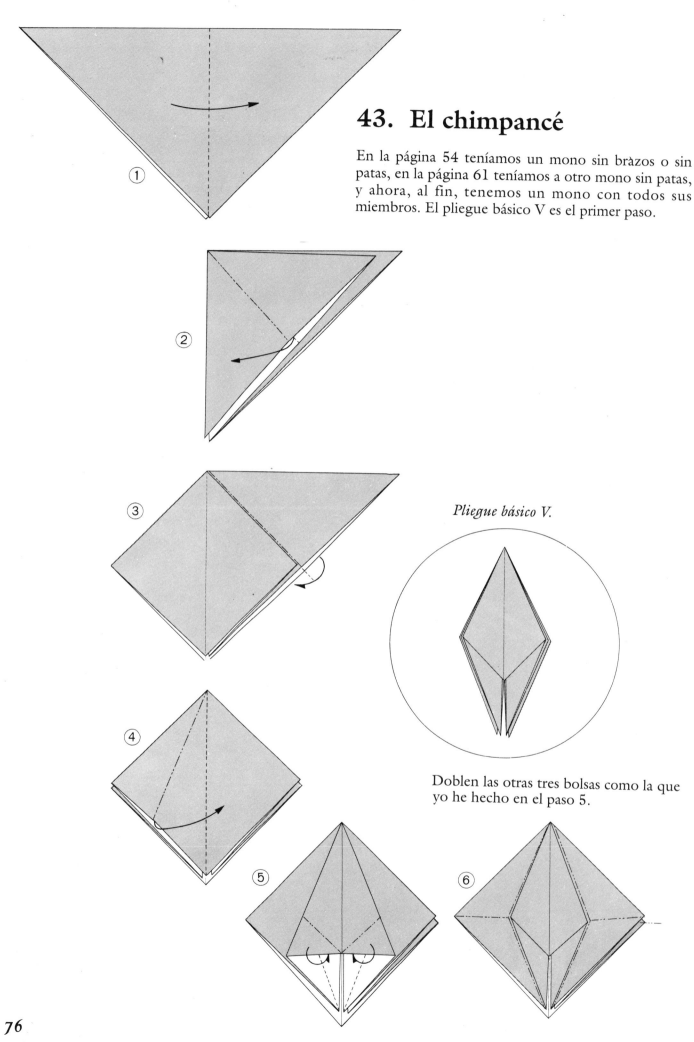

43. El chimpancé

En la página 54 teníamos un mono sin brazos o sin
patas, en la página 61 teníamos a otro mono sin patas,
y ahora, al fin, tenemos un mono con todos sus
miembros. El pliegue básico V es el primer paso.

Pliegue básico V.

Doblen las otras tres bolsas como la que
yo he hecho en el paso 5.

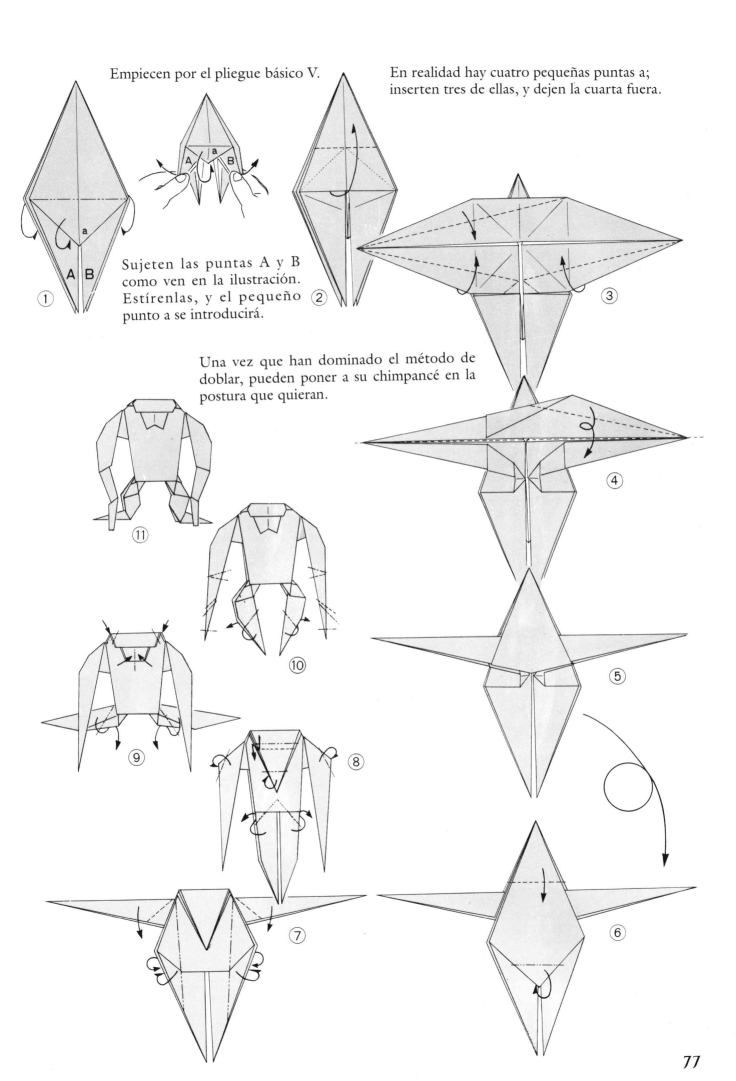

Empiecen por el pliegue básico V.

En realidad hay cuatro pequeñas puntas a; inserten tres de ellas, y dejen la cuarta fuera.

Sujeten las puntas A y B como ven en la ilustración. Estírenlas, y el pequeño punto a se introducirá.

Una vez que han dominado el método de doblar, pueden poner a su chimpancé en la postura que quieran.

Empiecen por el paso 4 del pliegue básico V.

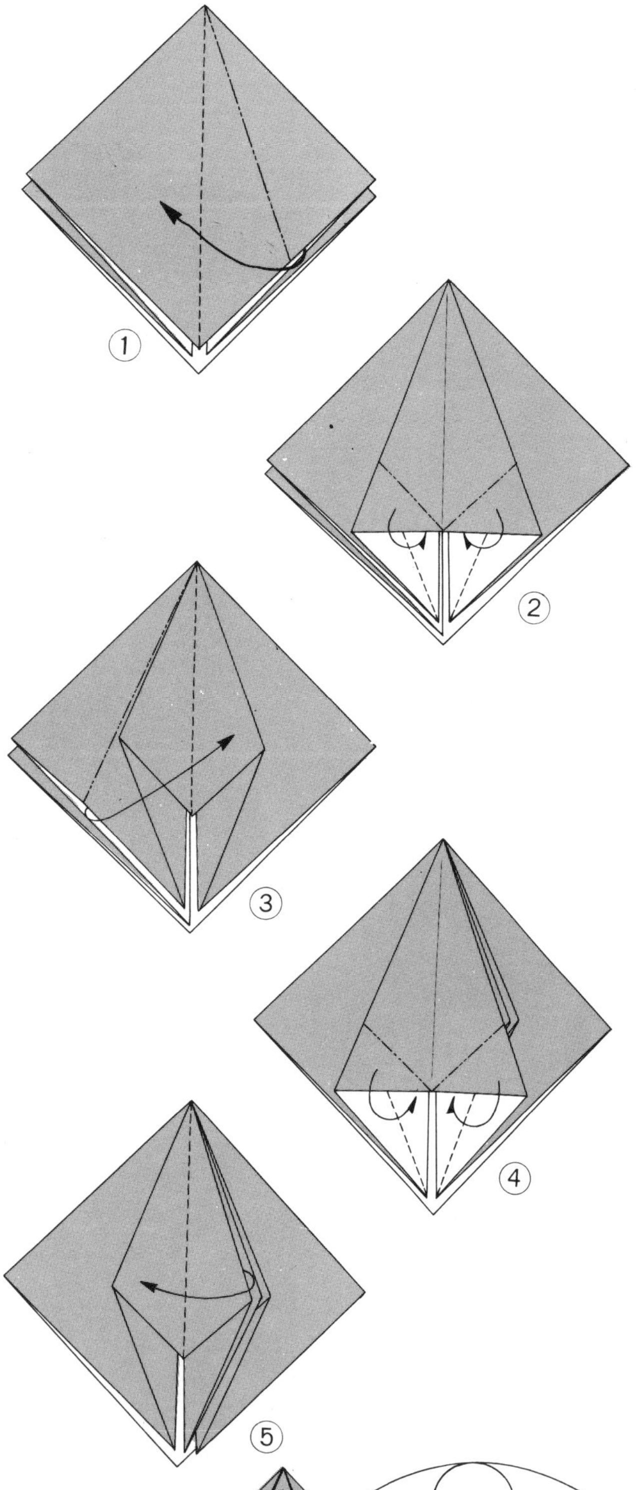

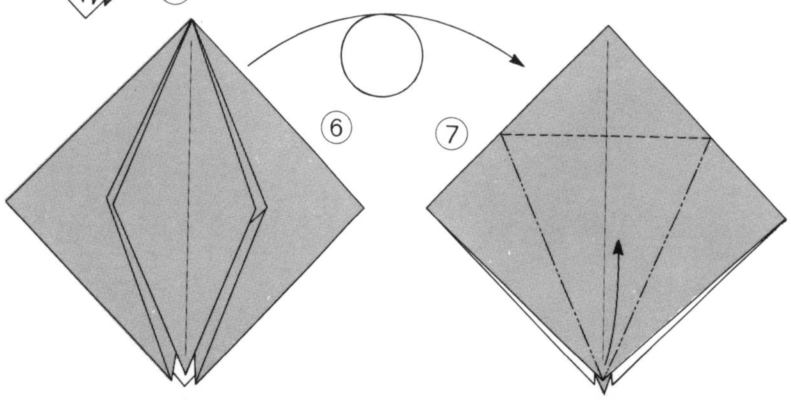

①

②

③

④

⑤

⑥   ⑦

+

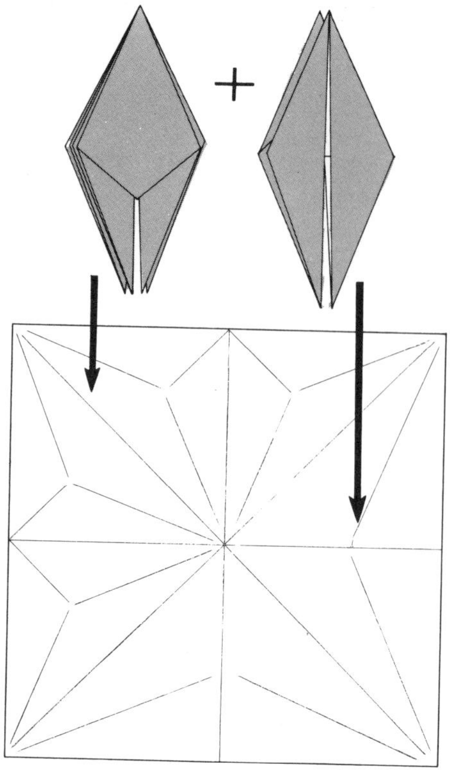

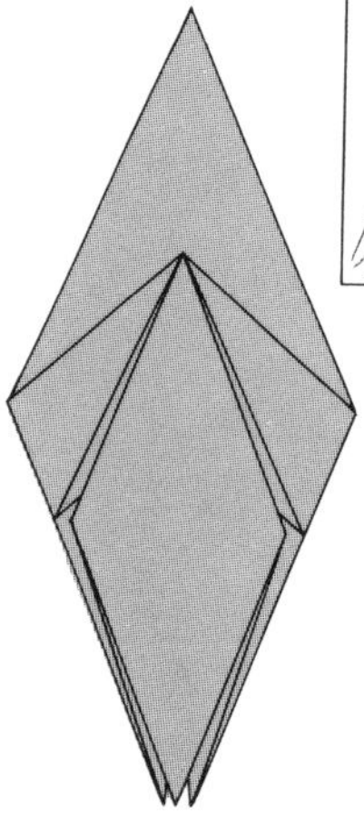

Pliegue básico IV a.

⑧

78

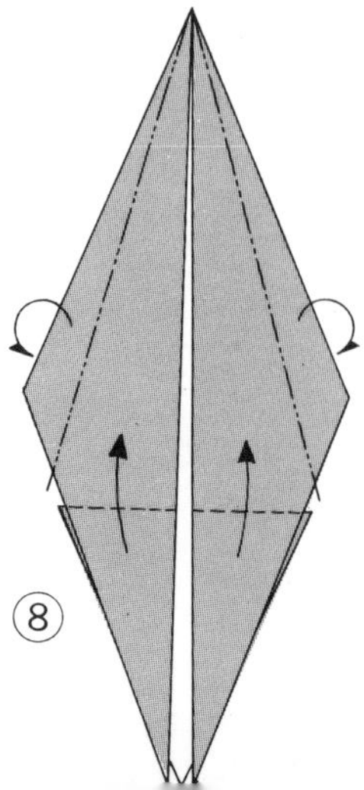

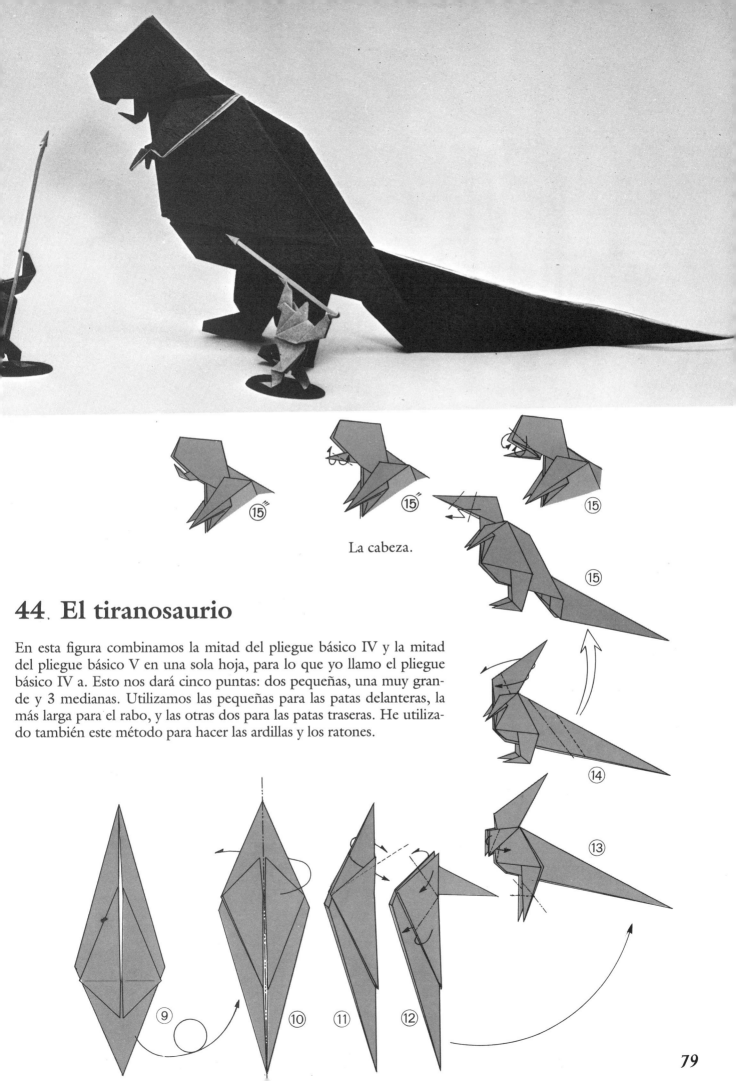

La cabeza.

44. El tiranosaurio

En esta figura combinamos la mitad del pliegue básico IV y la mitad del pliegue básico V en una sola hoja, para lo que yo llamo el pliegue básico IV a. Esto nos dará cinco puntas: dos pequeñas, una muy grande y 3 medianas. Utilizamos las pequeñas para las patas delanteras, la más larga para el rabo, y las otras dos para las patas traseras. He utilizado también este método para hacer las ardillas y los ratones.

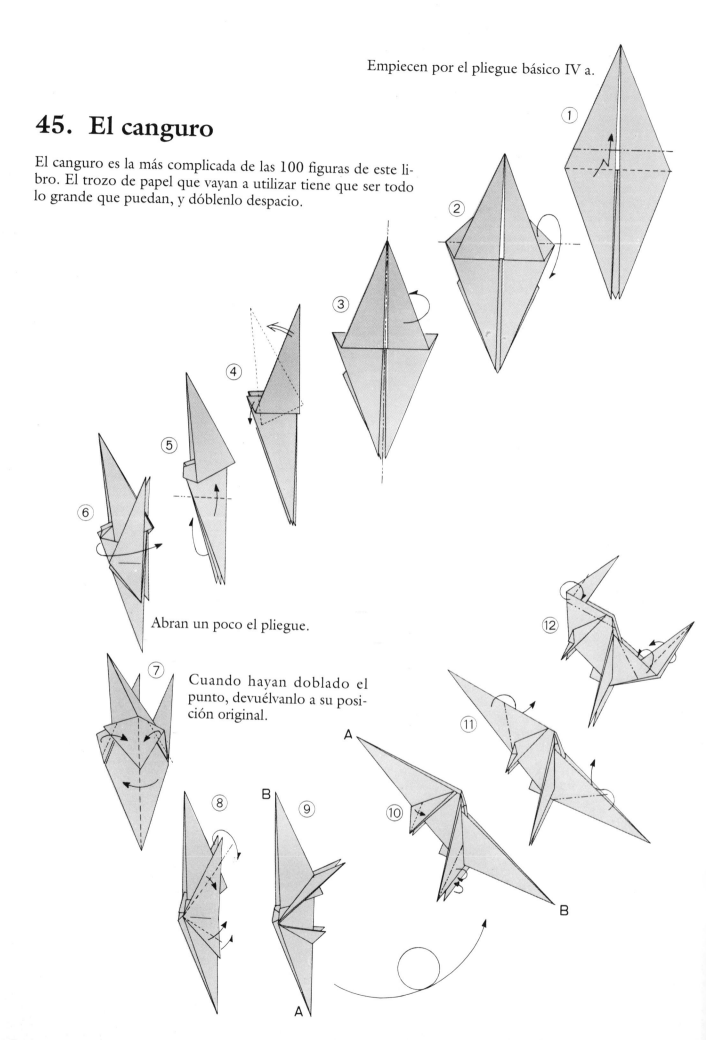

45. El canguro

El canguro es la más complicada de las 100 figuras de este libro. El trozo de papel que vayan a utilizar tiene que ser todo lo grande que puedan, y dóblenlo despacio.

Abran un poco el pliegue.

Cuando hayan doblado el punto, devuélvanlo a su posición original.

A

B

A

B

Un pliegue en forma de capucha
cerrará la espalda.

⑯

⑯´

⑮

⑭

La cabeza.

⑯˝

⑬

Estiren hacia fuera una de las puntas
internas.

Utilicen la misma técnica
para doblar de la que se han
servido para la leona.

⑯‴

⑰

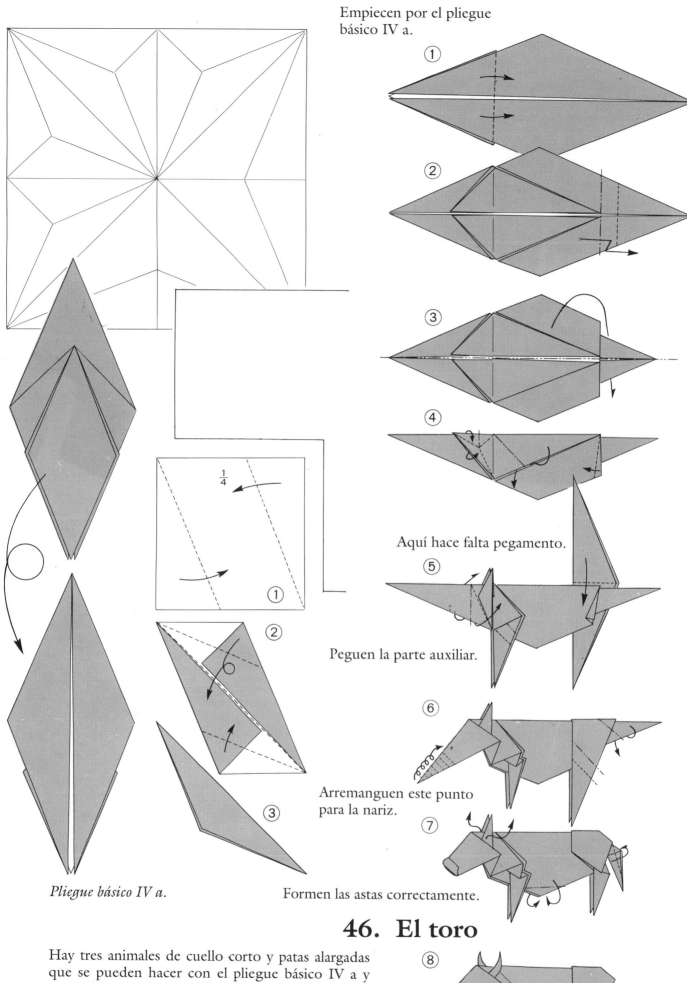

Empiecen por el pliegue básico IV a.

① ② ③ ④

Aquí hace falta pegamento.

⑤

Peguen la parte auxiliar.

⑥

Arremanguen este punto para la nariz.

⑦

Formen las astas correctamente.

$\frac{1}{4}$

① ② ③

Pliegue básico IV a.

46. El toro

Hay tres animales de cuello corto y patas alargadas que se pueden hacer con el pliegue básico IV a y una sola parte auxiliar. La mayoría de los animales de cuello corto se pueden representar con este método; ¿por qué no lo intentan con algún otro?

⑧

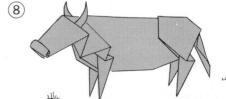

47. El tigre

1. Hagan la cabeza del tigre del mismo modo que hicieron la cabeza del tiranosaurio.
2. Peguen la parte auxiliar para las patas traseras como hicieron con el toro.

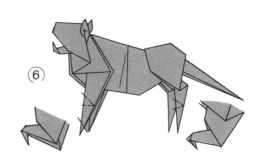

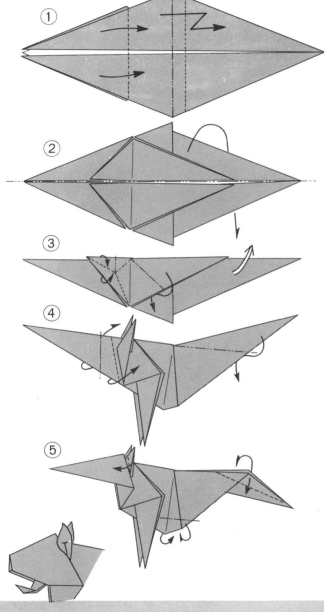

48. El rinoceronte

1. Peguen la parte auxiliar para las patas traseras como hicieron con el toro.
2. Conseguirán un rinoceronte más expresivo si utilizan una hoja grande de papel fuerte.

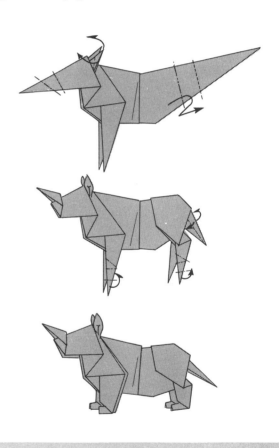

Ambos están hechos con el pliegue básico IV.

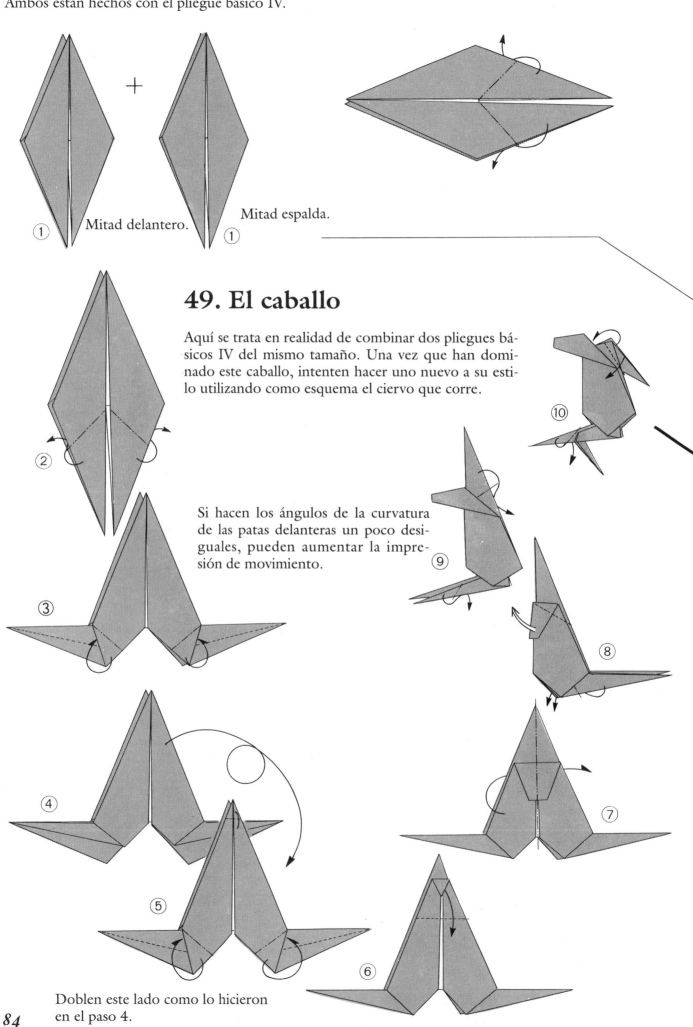

① Mitad delantero.

① Mitad espalda.

49. El caballo

Aquí se trata en realidad de combinar dos pliegues básicos IV del mismo tamaño. Una vez que han dominado este caballo, intenten hacer uno nuevo a su estilo utilizando como esquema el ciervo que corre.

Si hacen los ángulos de la curvatura de las patas delanteras un poco desiguales, pueden aumentar la impresión de movimiento.

Doblen este lado como lo hicieron en el paso 4.

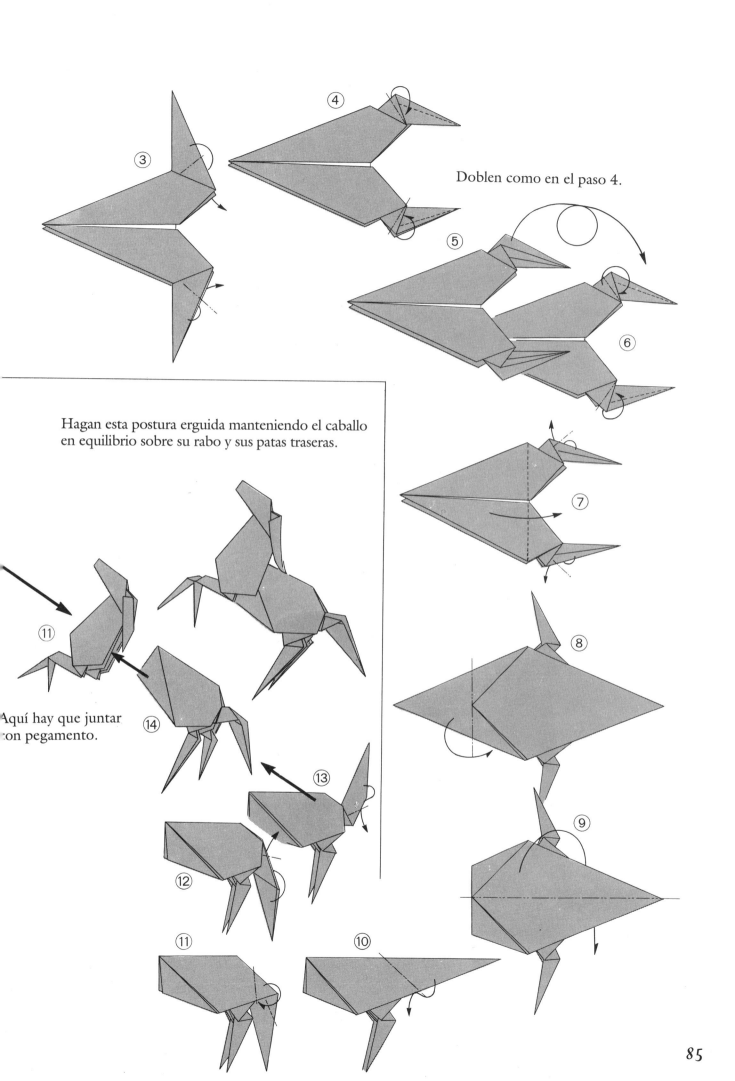

③

④

Doblen como en el paso 4.

⑤

⑥

Hagan esta postura erguida manteniendo el caballo
en equilibrio sobre su rabo y sus patas traseras.

⑦

⑪

Aquí hay que juntar
con pegamento.

⑭

⑧

⑬

⑨

⑫

⑪

⑩

85

Pliege básico IV.

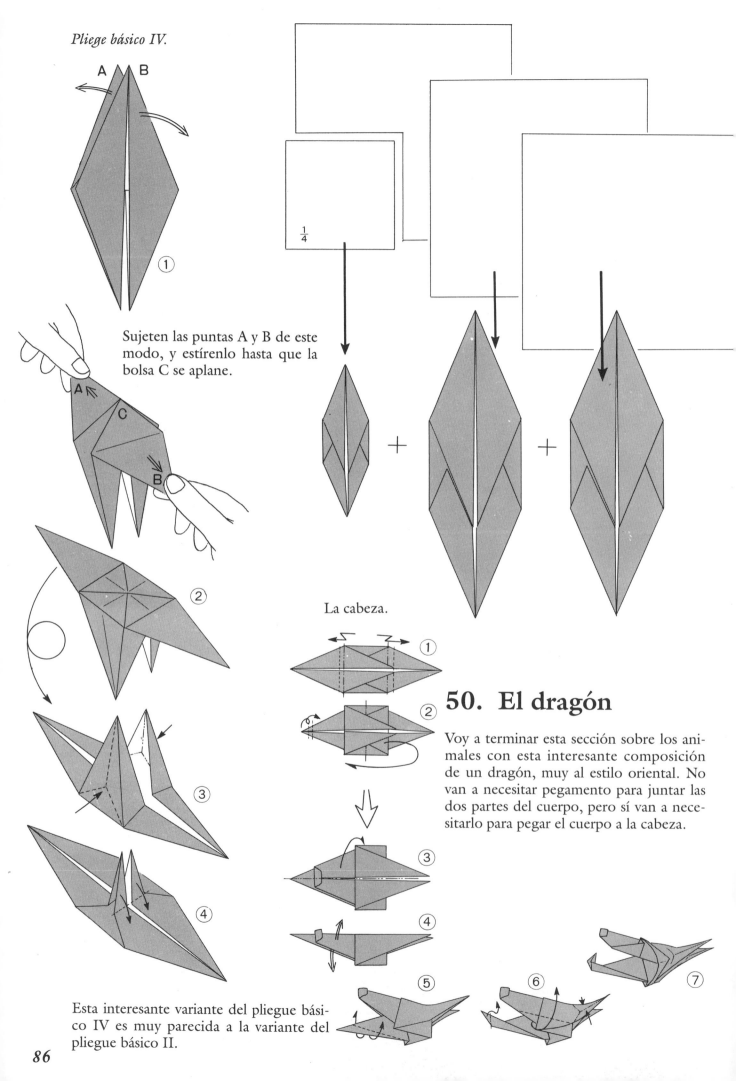

A B

①

Sujeten las puntas A y B de este modo, y estírenlo hasta que la bolsa C se aplane.

②

③

④

Esta interesante variante del pliegue básico IV es muy parecida a la variante del pliegue básico II.

¼

+

+

La cabeza.

①

②

③

④

⑤

⑥

⑦

50. El dragón

Voy a terminar esta sección sobre los animales con esta interesante composición de un dragón, muy al estilo oriental. No van a necesitar pegamento para juntar las dos partes del cuerpo, pero sí van a necesitarlo para pegar el cuerpo a la cabeza.

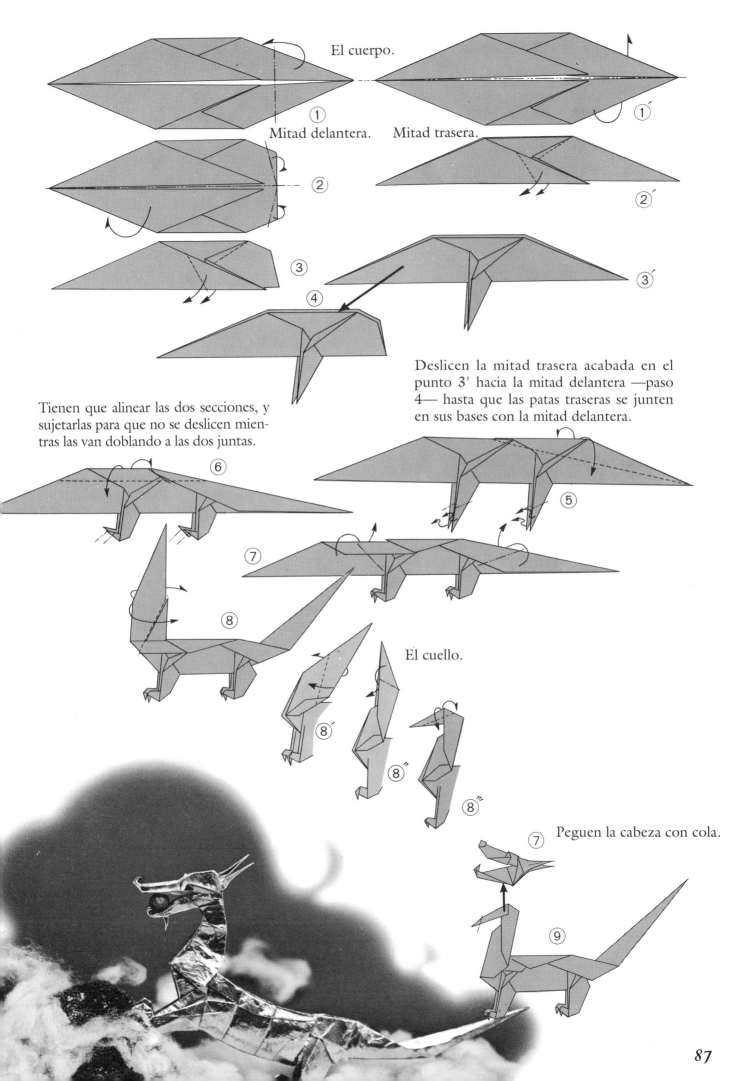

El cuerpo.

① ①´

Mitad delantera.   Mitad trasera.

② ②´

③ ③´

④

Deslicen la mitad trasera acabada en el punto 3' hacia la mitad delantera —paso 4— hasta que las patas traseras se junten en sus bases con la mitad delantera.

Tienen que alinear las dos secciones, y sujetarlas para que no se deslicen mientras las van doblando a las dos juntas.

⑥

⑤

⑦

⑧

El cuello.

⑧´

⑧″

⑧‴

⑦   Peguen la cabeza con cola.

⑨

87

III

Otra fauna y flora

A primera vista, parece ser que los insectos tienen unos cuerpos complicados, con las secciones de la cabeza, del tronco y del abdomen claramente diferenciadas. Si intentamos, mediante la papiroflexia, representar de forma cuidadosa las formas del cuerpo de los insectos, el resultado es grotesco, pero si prestamos atención a la forma general más que a los detalles, éstos se convertirán en un material sorprendentemente bueno para la papiroflexia. Todas las figuras, desde la langosta hasta la mantis religiosa, están hechas con trozos de papel triangular, y para ellas ha sido utilizado el pliegue básico III.

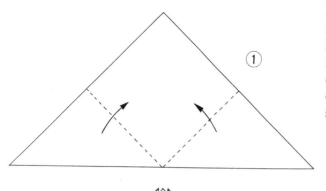

51. La langosta

He utilizado la langosta en el texto clásico sobre papiroflexia *Kan-no-mado* como base para esta versión.

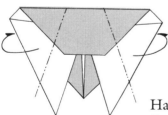

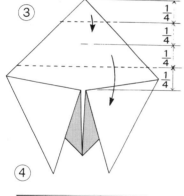

Hagan una raya, y después ábranla.

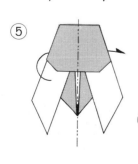

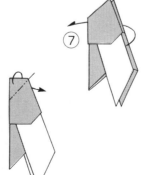

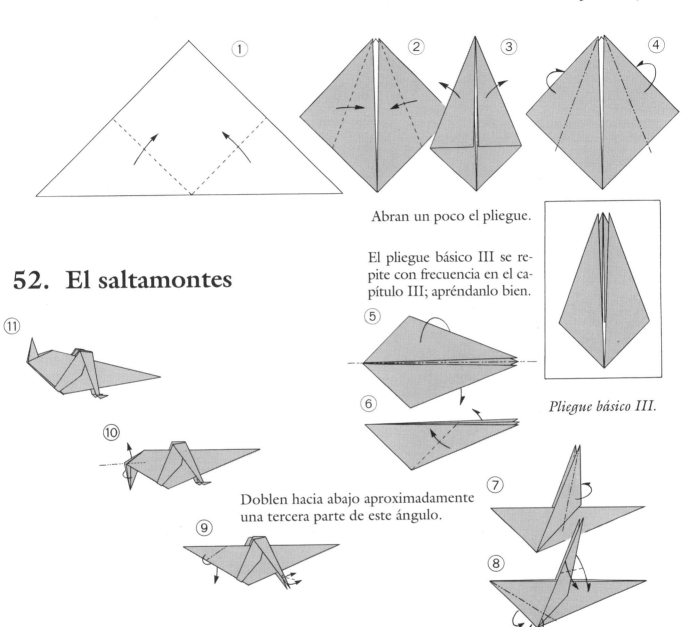

Doblen por las rayas.

Abran un poco el pliegue.

El pliegue básico III se repite con frecuencia en el capítulo III; apréndanlo bien.

Pliegue básico III.

52. El saltamontes

Doblen hacia abajo aproximadamente una tercera parte de este ángulo.

Empiecen por el pliegue básico III.

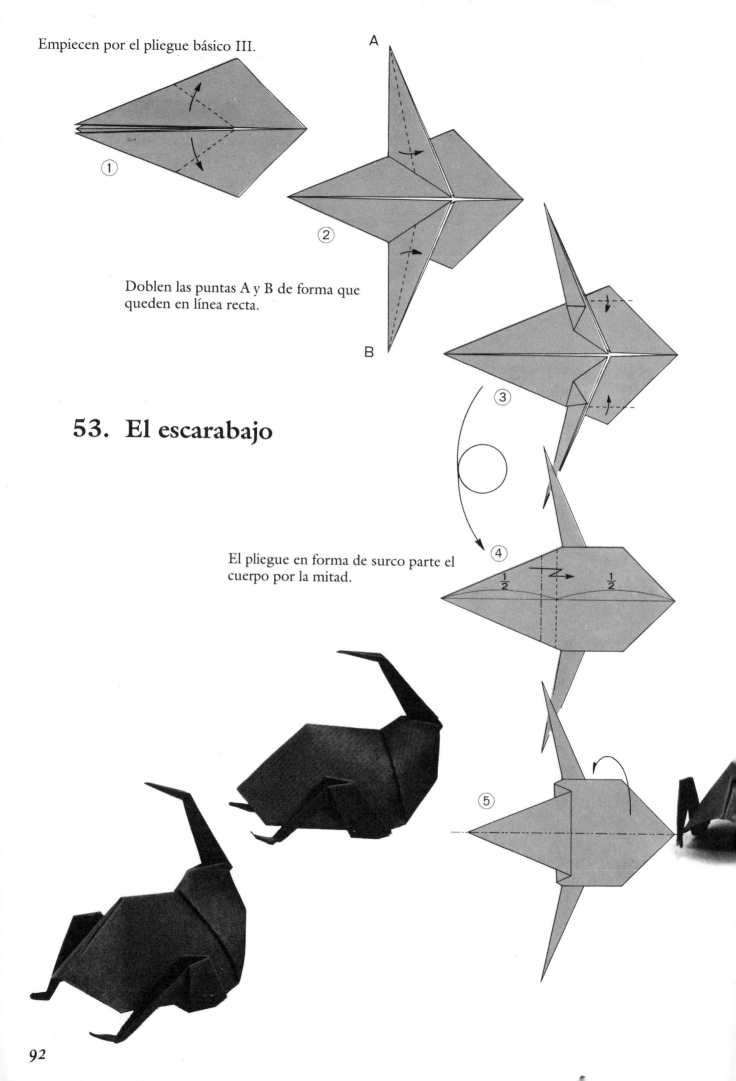

A

B

Doblen las puntas A y B de forma que
queden en línea recta.

53. El escarabajo

El pliegue en forma de surco parte el
cuerpo por la mitad.

$\frac{1}{2}$ $\frac{1}{2}$

①
②
③
④
⑤

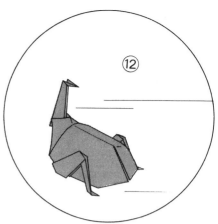

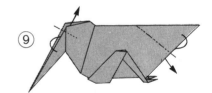

Acaben todo el cuerpo.

Doblen hacia dentro para impedir
que la espalda se abra.

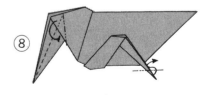

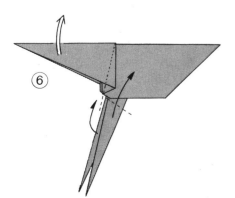

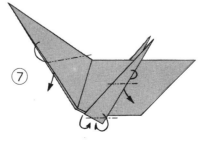

Este pliegue impide que las patas se separen
del cuerpo.

Empiecen por el pliegue básico III.

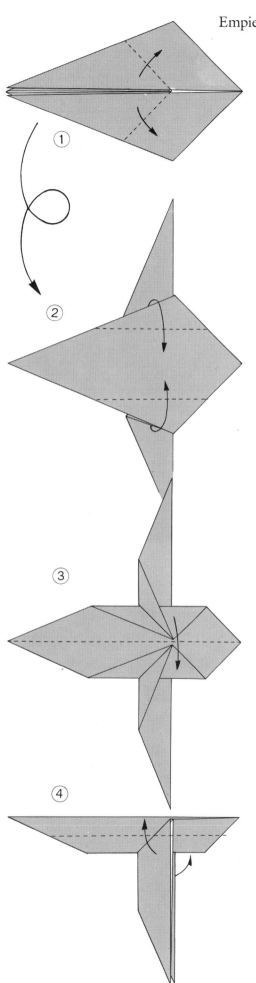

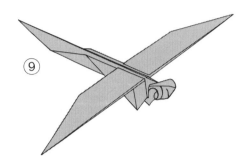

54. La libélula

A pesar de que una libélula tiene en realidad dos alas por cada lado, yo la he hecho sólo con una. Si quieren que la suya parezca más realista, pueden cortar cada ala a lo largo de la línea a.

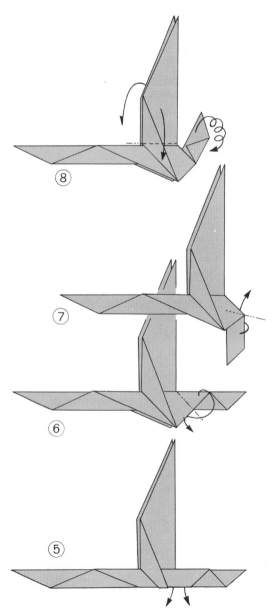

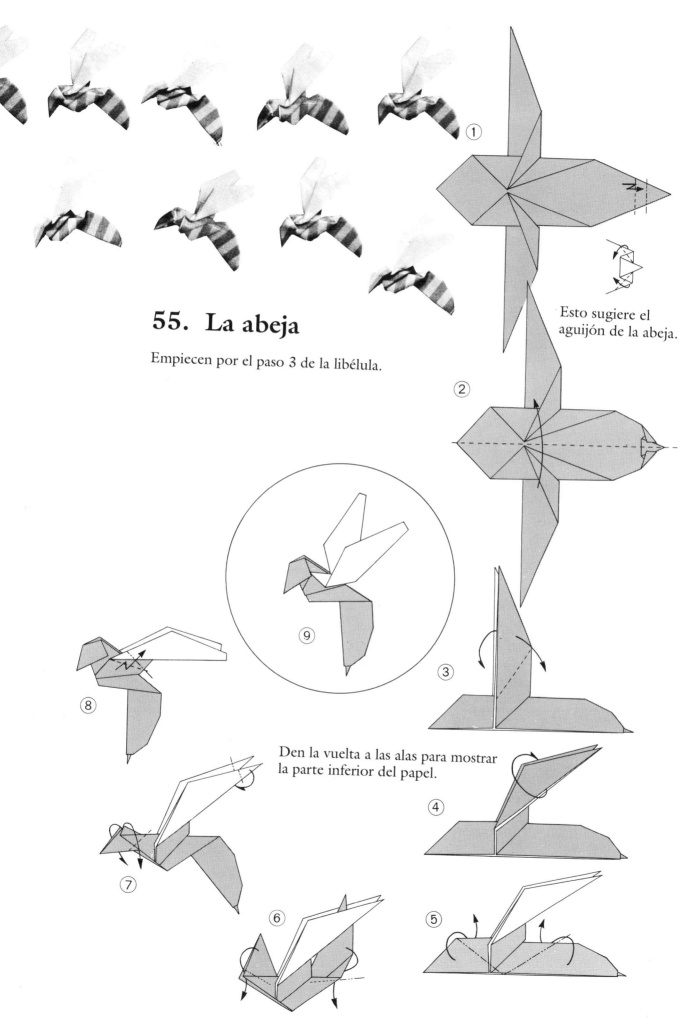

55. La abeja

Empiecen por el paso 3 de la libélula.

Esto sugiere el aguijón de la abeja.

Den la vuelta a las alas para mostrar la parte inferior del papel.

56. La hormiga

Para hacer la hormiga he tenido un montón de problemas. Siendo un insecto tan pequeño, como comprenderán, no me salía nada bien. Al final llegué a la conclusión de que son las antenas las que le dan a la figura la apariencia de hormiga. Cuando corté el papel para hacerlas, al final conseguí lo que quería. Por desgracia, la mayoría de mis amigos la confunden con un grillo.

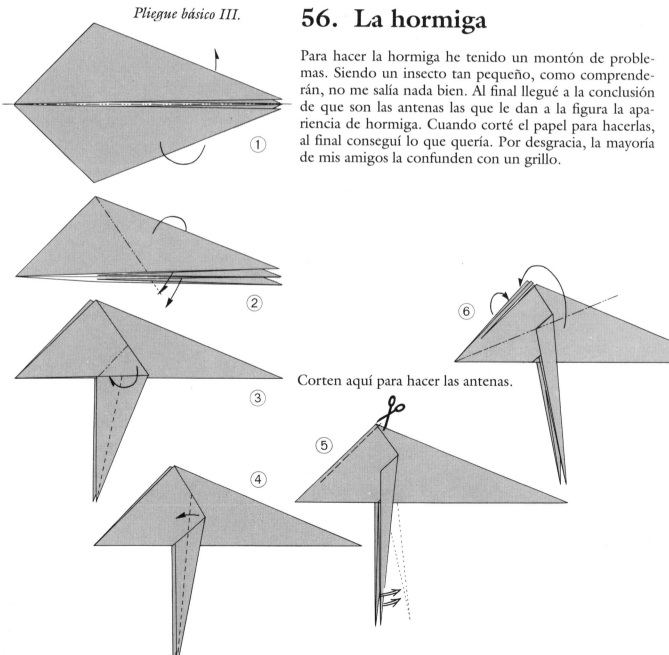

Corten aquí para hacer las antenas.

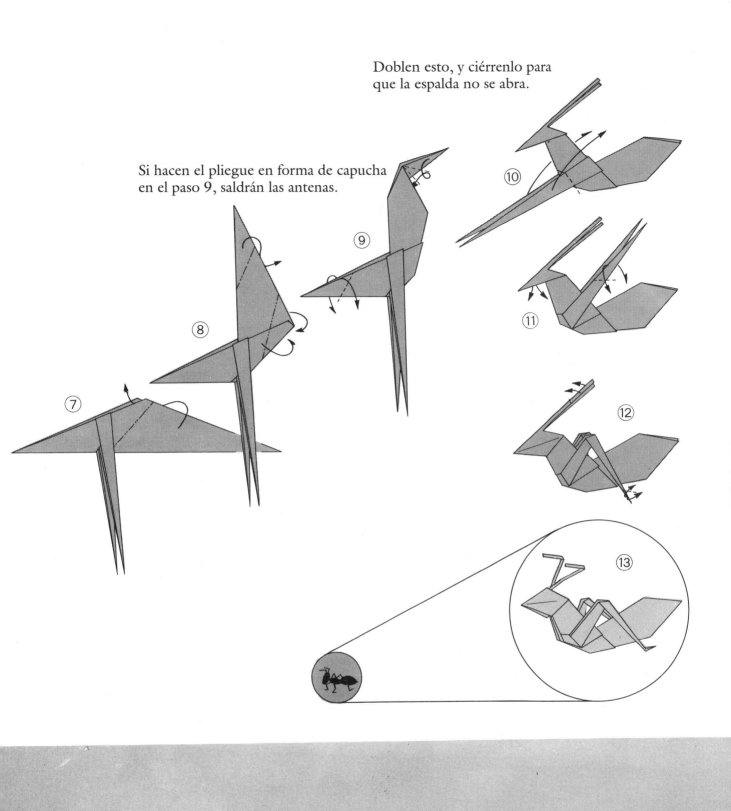

Doblen esto, y ciérrenlo para
que la espalda no se abra.

Si hacen el pliegue en forma de capucha
en el paso 9, saldrán las antenas.

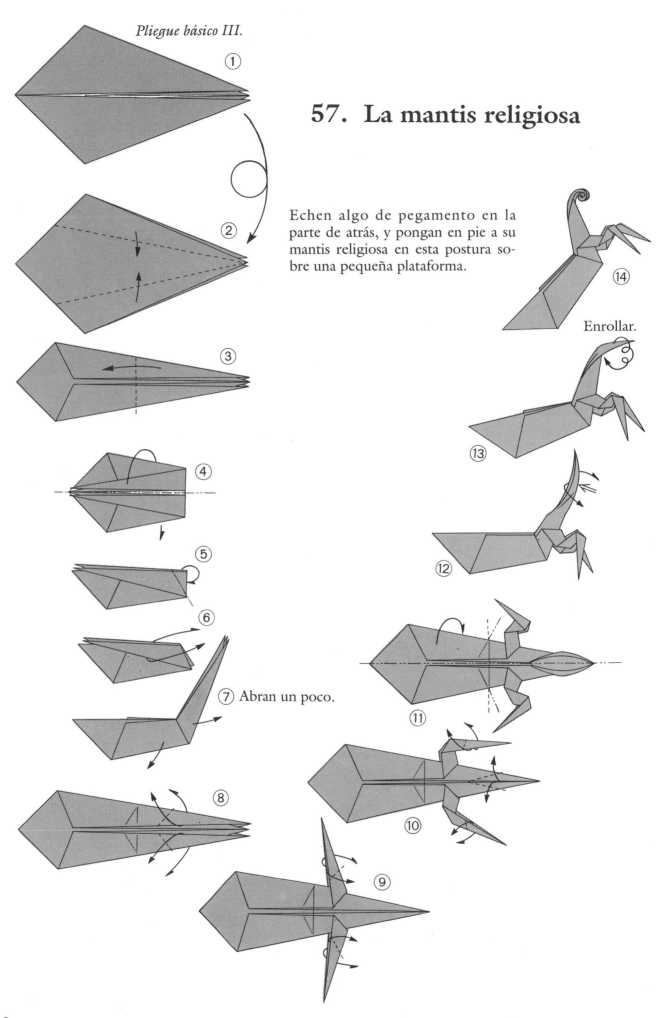

Pliegue básico III.

①

57. La mantis religiosa

②

Echen algo de pegamento en la parte de atrás, y pongan en pie a su mantis religiosa en esta postura sobre una pequeña plataforma.

⑭

③

Enrollar.

⑬

④

⑫

⑤

⑥

⑦ Abran un poco.

⑪

⑧

⑩

⑨

58. El cangrejo de río

Vamos a dejar de momento a los insectos para dirigir nuestra atención a los animales acuáticos, que son muchos, y van desde los insectos hasta los animales grandes. Naturalmente, no podemos representarlos a todos, pero yo he seleccionado algunos de los más conocidos.

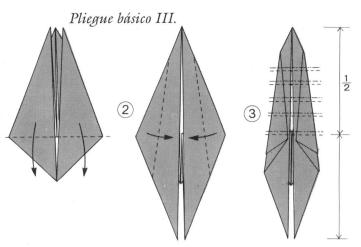

El primer pliegue en forma de surco tiene que dividir el cuerpo por la mitad.

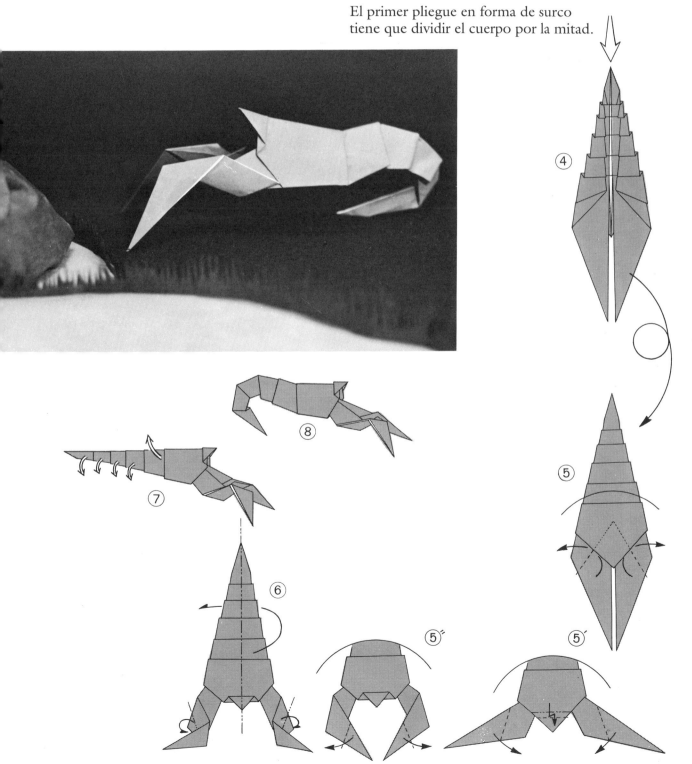

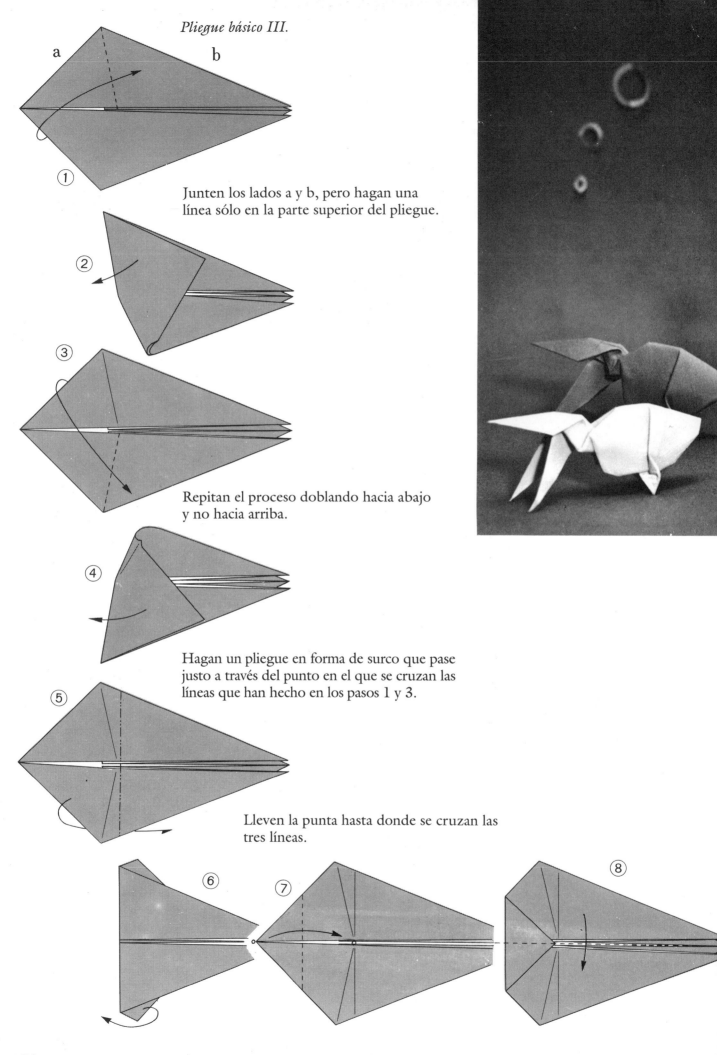

Pliegue básico III.

a   b

①

Junten los lados a y b, pero hagan una línea sólo en la parte superior del pliegue.

②

③

Repitan el proceso doblando hacia abajo y no hacia arriba.

④

Hagan un pliegue en forma de surco que pase justo a través del punto en el que se cruzan las líneas que han hecho en los pasos 1 y 3.

⑤

Lleven la punta hasta donde se cruzan las tres líneas.

⑥   ⑦   ⑧

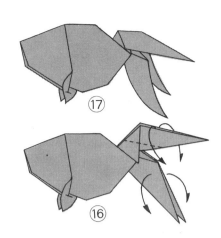

⑰

⑯

Enrosquen los rabos suavemente
entre sus dedos.

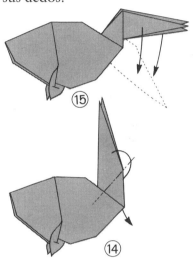

⑮

⑭

⑬

⑫

⑪

59. La carpa dorada

Doblen por las rayas que han hecho hasta
el paso 6.

Doblen y remetan bien.

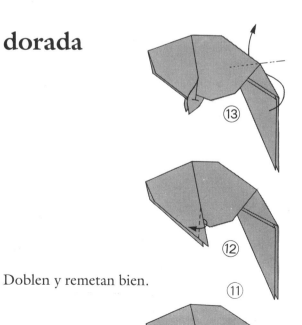

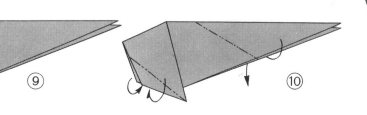

⑨

⑩

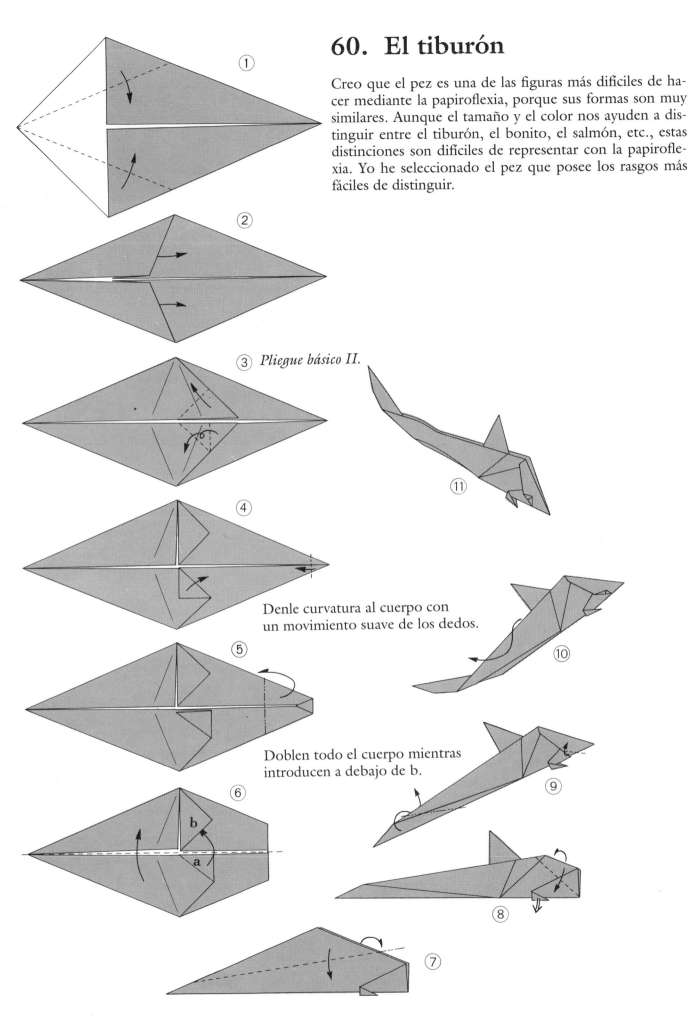

60. El tiburón

Creo que el pez es una de las figuras más difíciles de hacer mediante la papiroflexia, porque sus formas son muy similares. Aunque el tamaño y el color nos ayuden a distinguir entre el tiburón, el bonito, el salmón, etc., estas distinciones son difíciles de representar con la papiroflexia. Yo he seleccionado el pez que posee los rasgos más fáciles de distinguir.

③ *Pliegue básico II.*

Denle curvatura al cuerpo con un movimiento suave de los dedos.

Doblen todo el cuerpo mientras introducen a debajo de b.

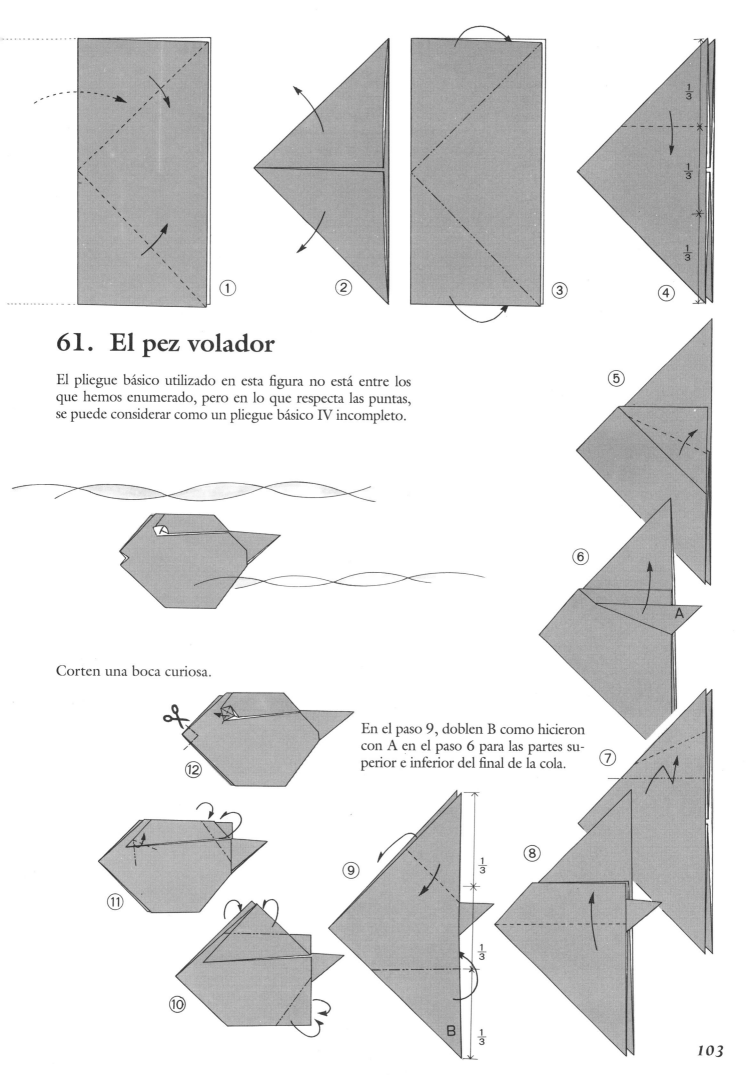

61. El pez volador

El pliegue básico utilizado en esta figura no está entre los que hemos enumerado, pero en lo que respecta las puntas, se puede considerar como un pliegue básico IV incompleto.

Corten una boca curiosa.

En el paso 9, doblen B como hicieron con A en el paso 6 para las partes superior e inferior del final de la cola.

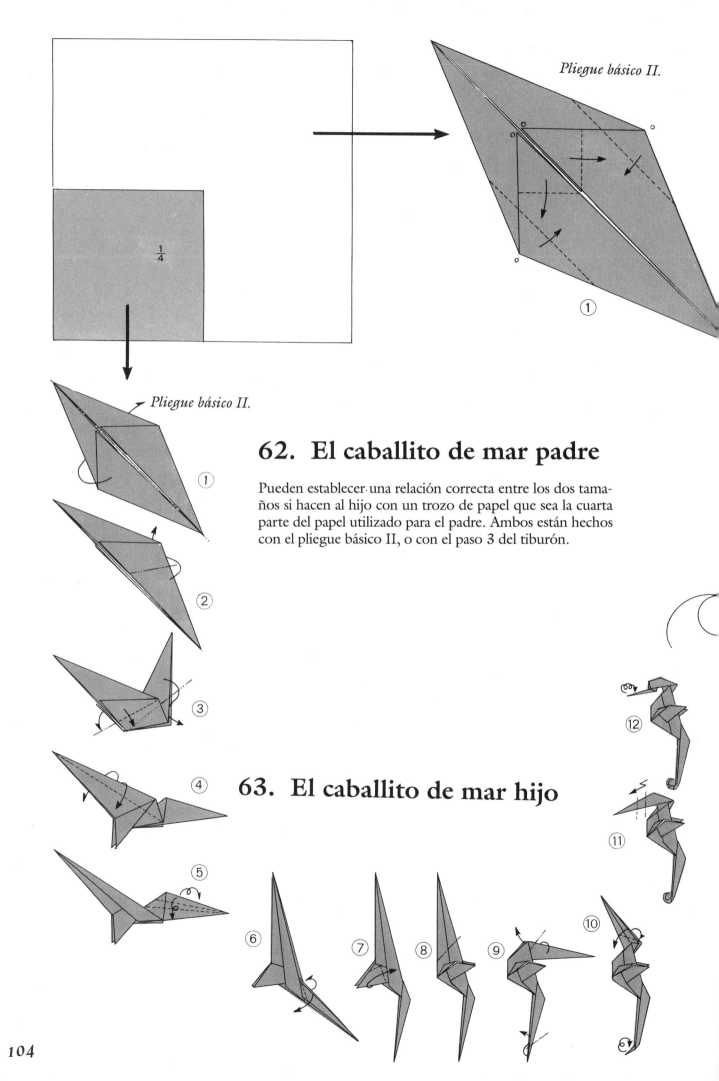

Pliegue básico II.

①

Pliegue básico II.

①

②

③

62. El caballito de mar padre

Pueden establecer una relación correcta entre los dos tamaños si hacen al hijo con un trozo de papel que sea la cuarta
parte del papel utilizado para el padre. Ambos están hechos
con el pliegue básico II, o con el paso 3 del tiburón.

④

⑤

63. El caballito de mar hijo

⑥ ⑦ ⑧ ⑨ ⑩ ⑪ ⑫

¼

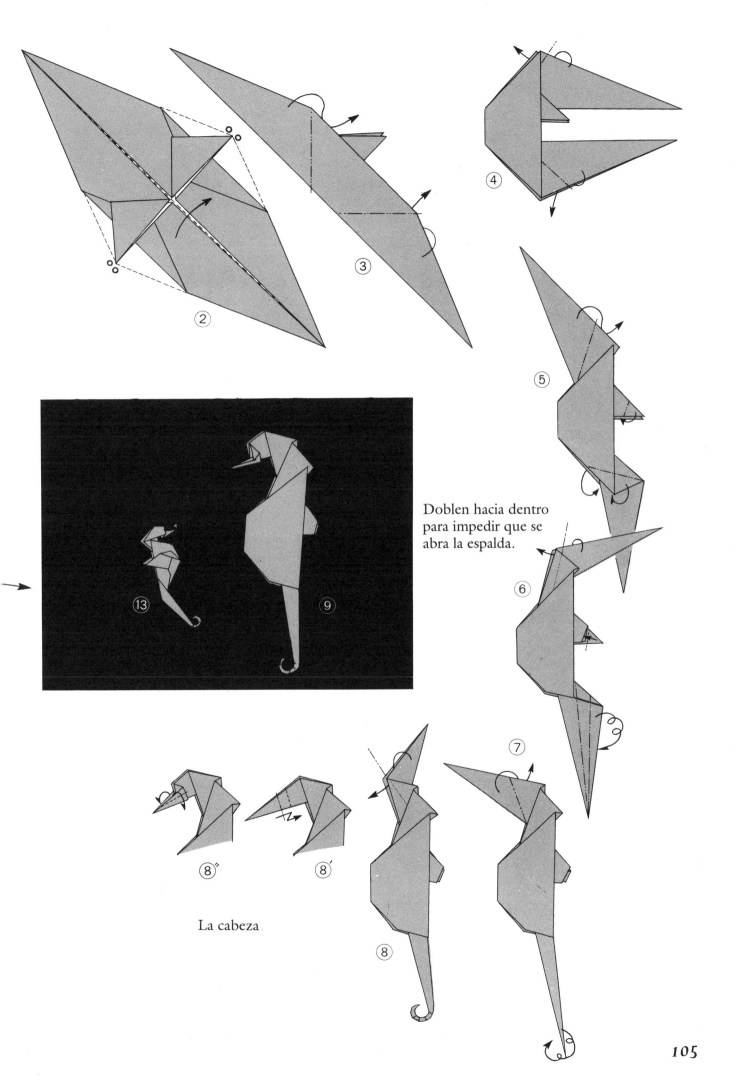

② ③ ④ ⑤

Doblen hacia dentro
para impedir que se
abra la espalda.

⑥ ⑦

⑬ ⑨

⑧‴ ⑧′

La cabeza

⑧

105

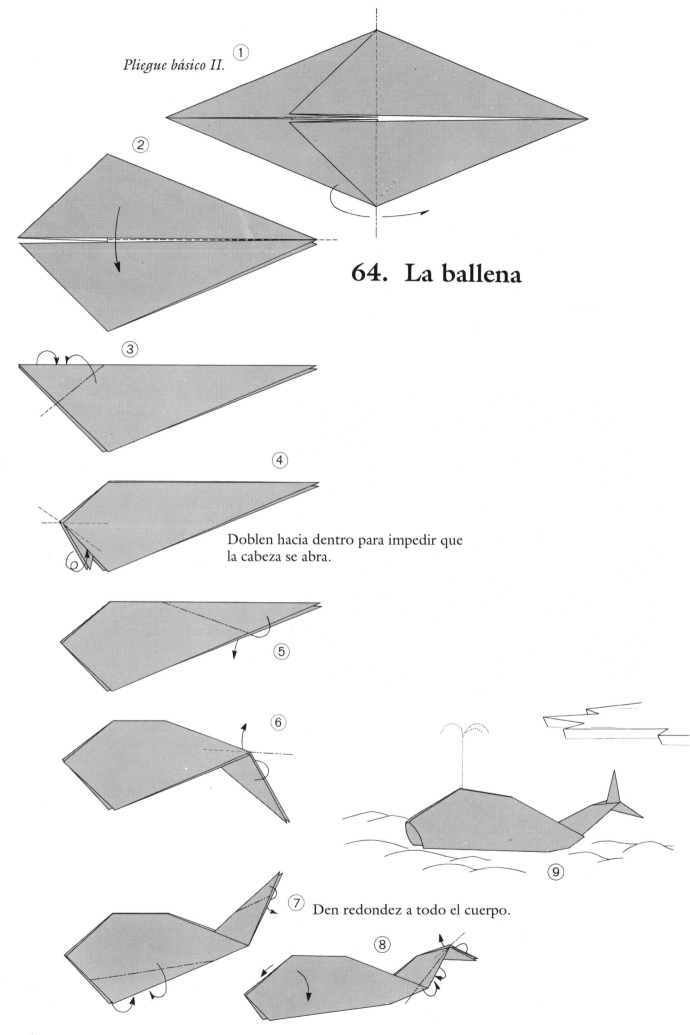

Pliegue básico II. ①

②

64. La ballena

③

④

Doblen hacia dentro para impedir que
la cabeza se abra.

⑤

⑥

⑦ Den redondez a todo el cuerpo.

⑧

⑨

65. Un tiesto de flores

Después de los peces, las flores son las más difíciles de hacer con la papiroflexia, ya que, cuanto más pretendemos que sean parecidas a las flores reales, más se nota que son artificiales, y que ni siquiera tienen ese encanto tan particular de las figuras hechas con la papiroflexia. En las páginas siguientes voy a mencionar algunas flores, pero ¿por qué no intentan inventar sus propias flores, aunque no se ajusten exactamente a las verdaderas?

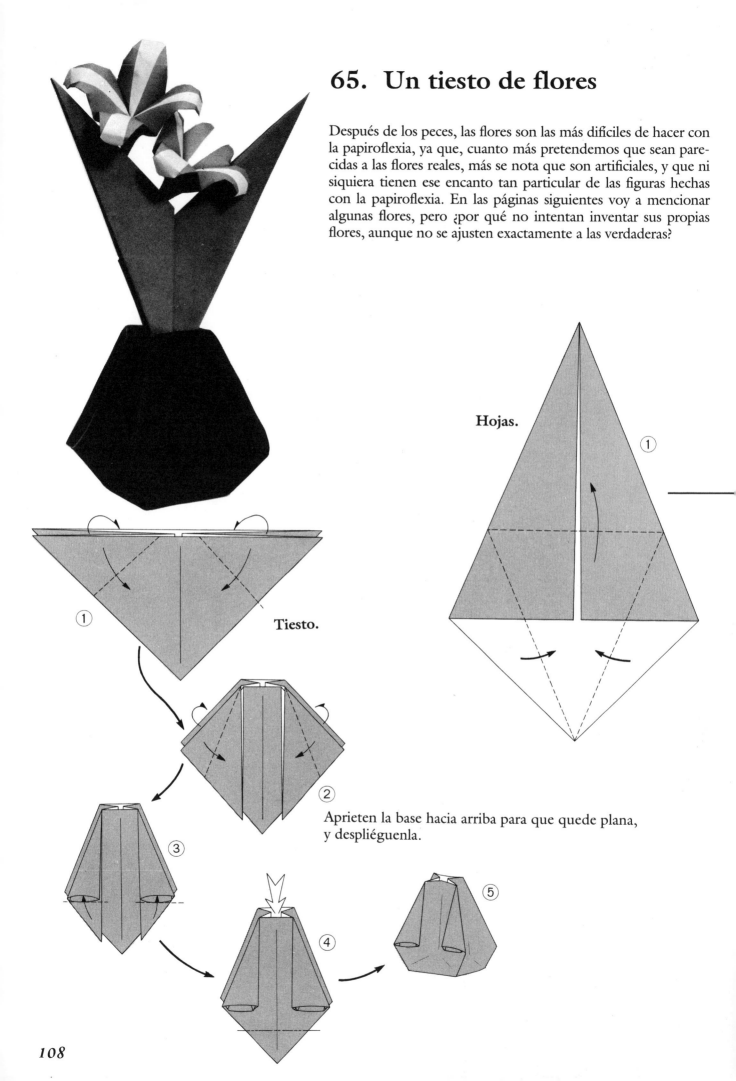

Hojas.

Tiesto.

Aprieten la base hacia arriba para que quede plana, y despliéguenla.

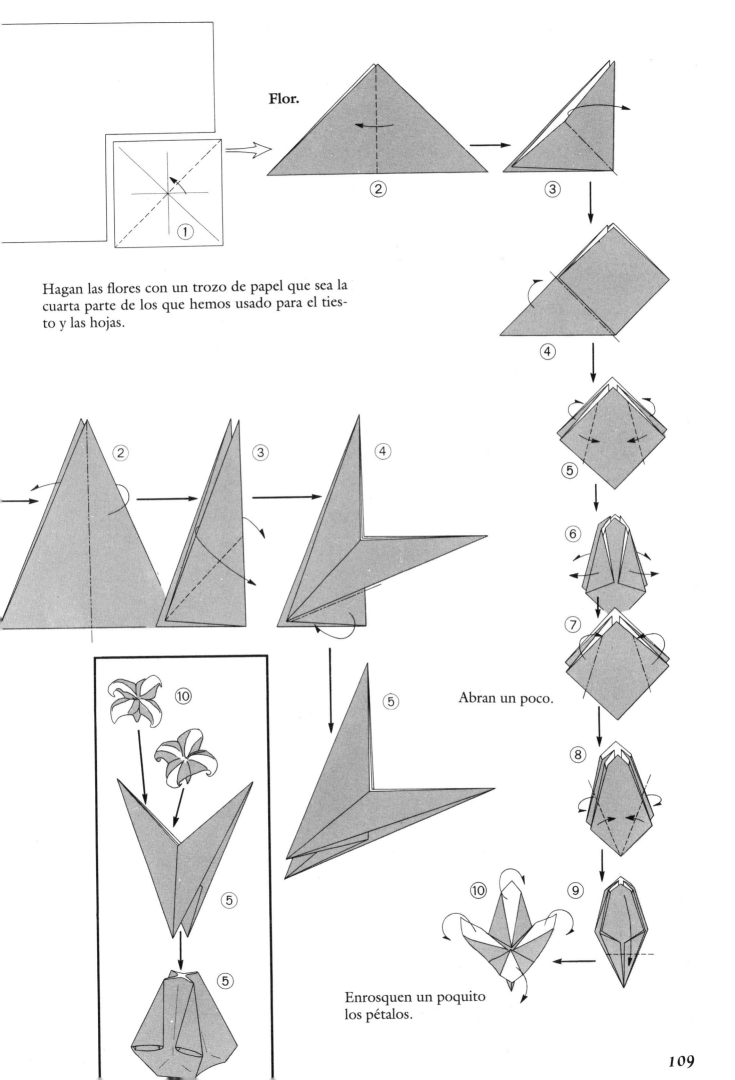

Flor.

Hagan las flores con un trozo de papel que sea la
cuarta parte de los que hemos usado para el tiesto y las hojas.

Abran un poco.

Enrosquen un poquito
los pétalos.

109

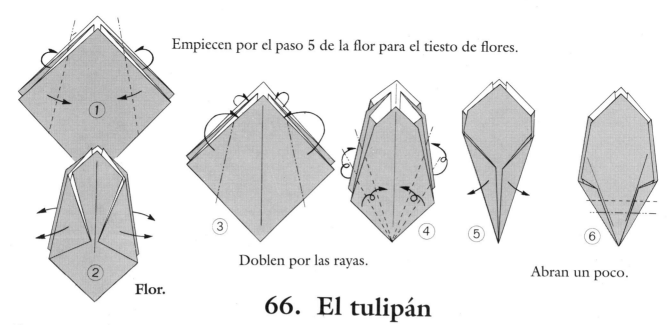

Empiecen por el paso 5 de la flor para el tiesto de flores.

Flor.

Doblen por las rayas.

66. El tulipán

Abran un poco.

Abran tan sólo la pieza delantera.

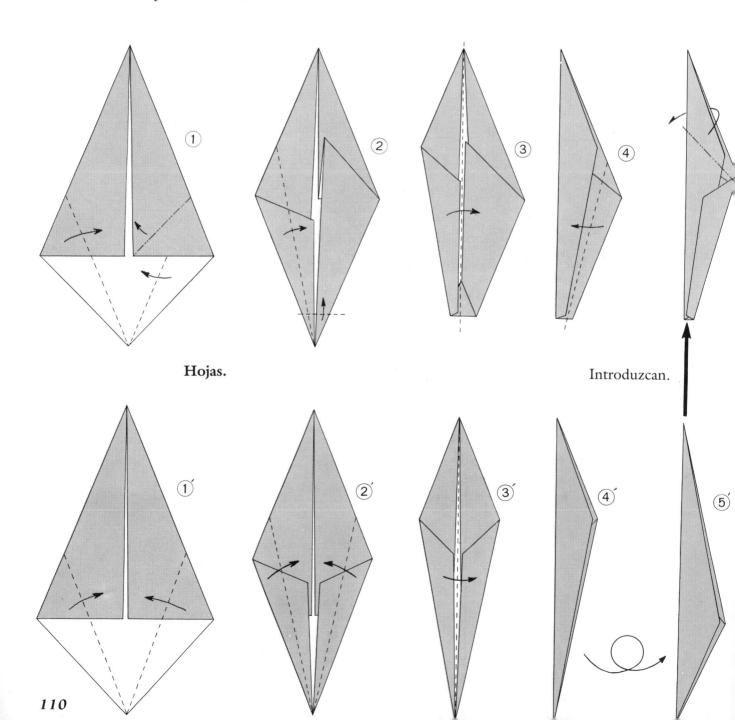

Hojas.

Introduzcan.

Doblen por las rayas en el paso 5.

⑦

⑧

A

⑨

Abran el tulipán de la forma
correcta.

Apliquen un poco de pegamento sobre el punto A
del tulipán, e introduzcan aquí.

⑥

⑥

⑦

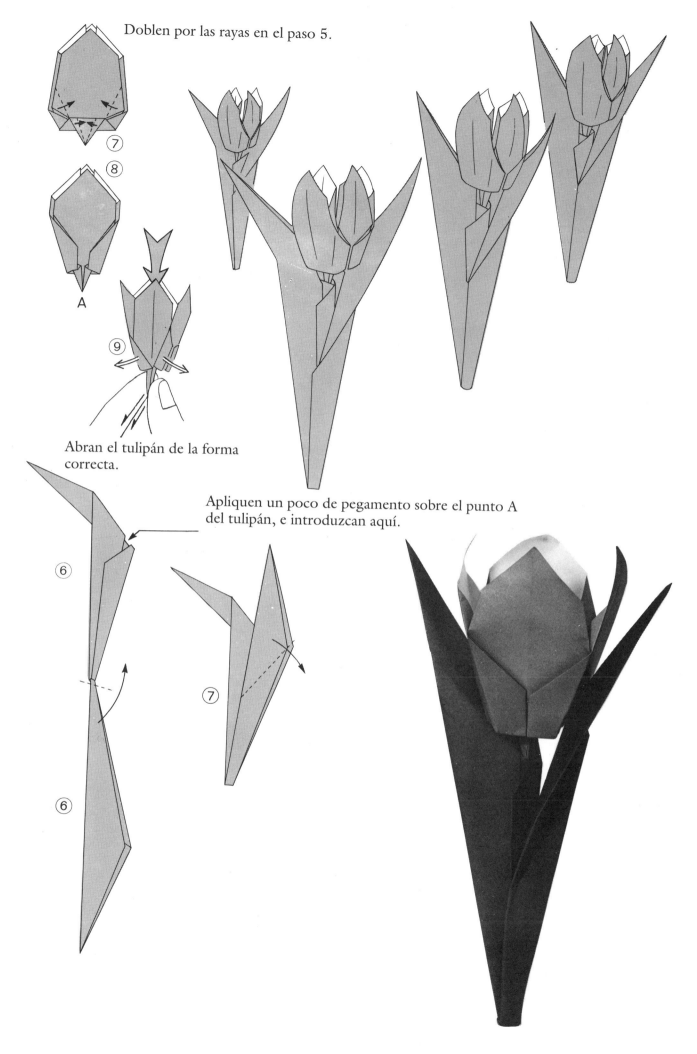

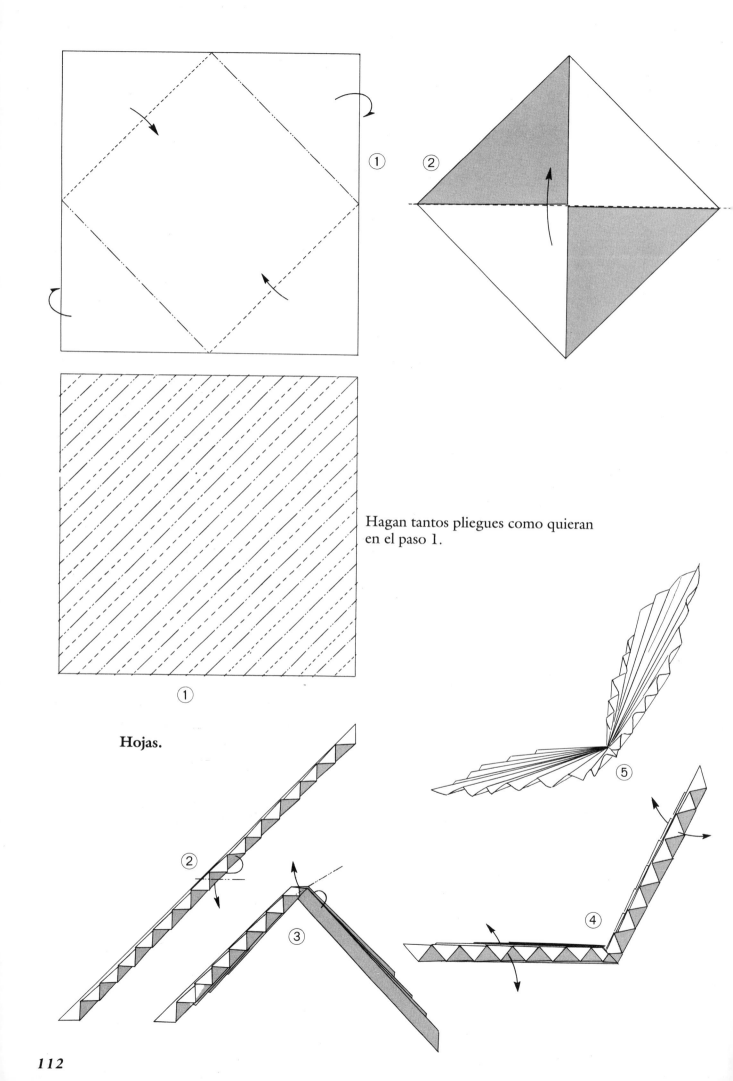

① ②

Hagan tantos pliegues como quieran
en el paso 1.

①

Hojas.

②

③

④

⑤

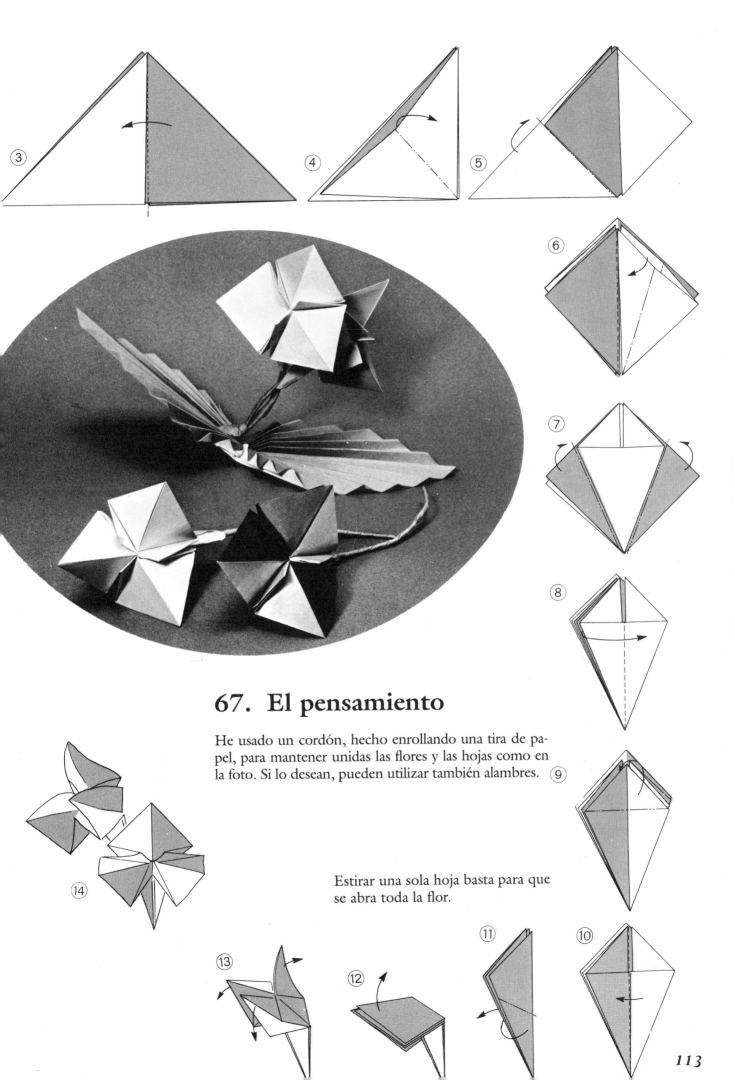

67. El pensamiento

He usado un cordón, hecho enrollando una tira de papel, para mantener unidas las flores y las hojas como en la foto. Si lo desean, pueden utilizar también alambres.

Estirar una sola hoja basta para que se abra toda la flor.

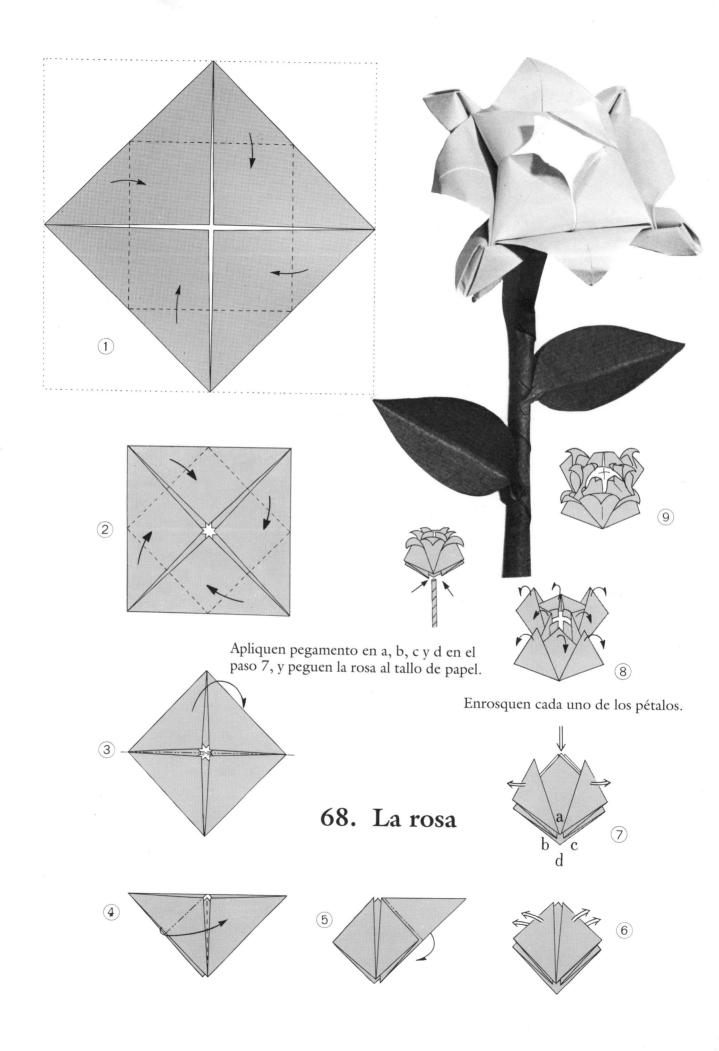

Apliquen pegamento en a, b, c y d en el paso 7, y peguen la rosa al tallo de papel.

Enrosquen cada uno de los pétalos.

68. La rosa

a
b c
d

69. La mariposa

Esta mariposa está hecha con un pliegue básico comple-
tamnte distinto a todos los que hemos presentado en este
libro, ya que, a pesar de las muchas figuras que he doblado
utilizando los pliegues básicos, no pude lograr nada que re-
presentara de manera satisfactoria la ligereza. Les ofrezco
este pliegue básico como información accidental.

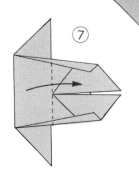

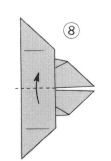

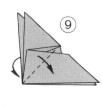

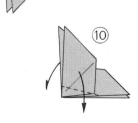

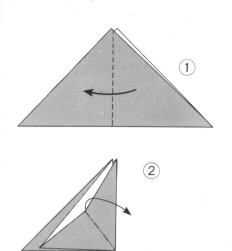

①

②

Doblen esto como en el paso 2.

③

④

Doblen esto como en el paso 4.

⑤

⑥

Pliegue básico IV.

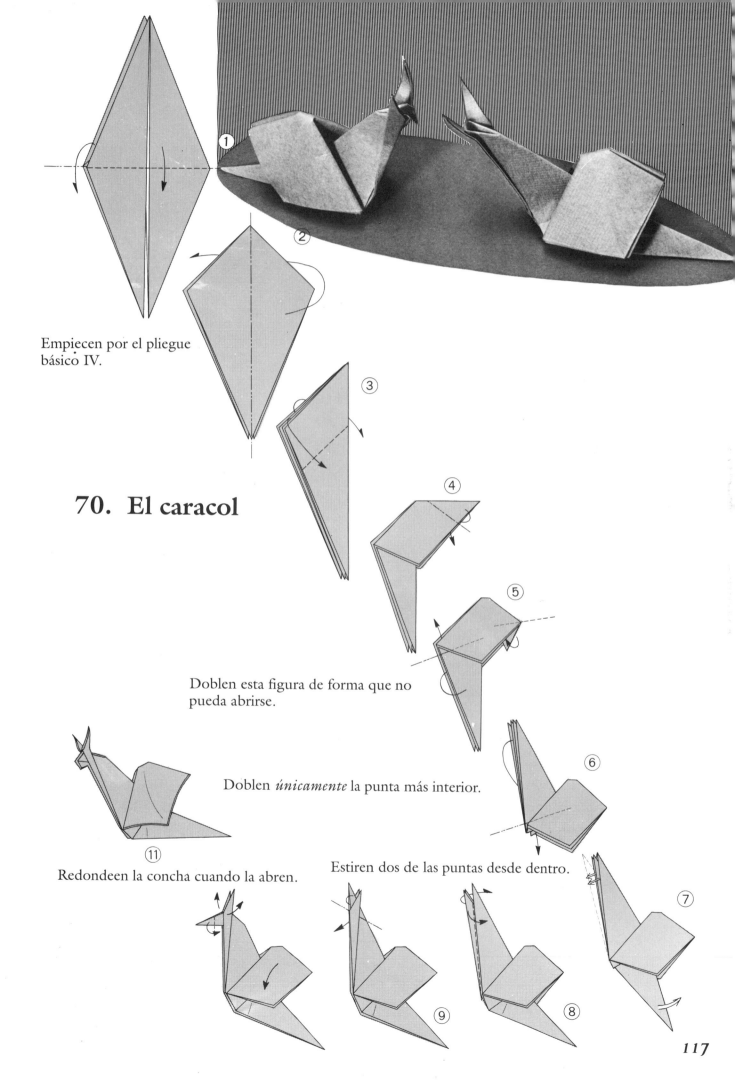

Empiecen por el pliegue
básico IV.

70. El caracol

Doblen esta figura de forma que no
pueda abrirse.

Doblen *únicamente* la punta más interior.

Estiren dos de las puntas desde dentro.

Redondeen la concha cuando la abren.

117

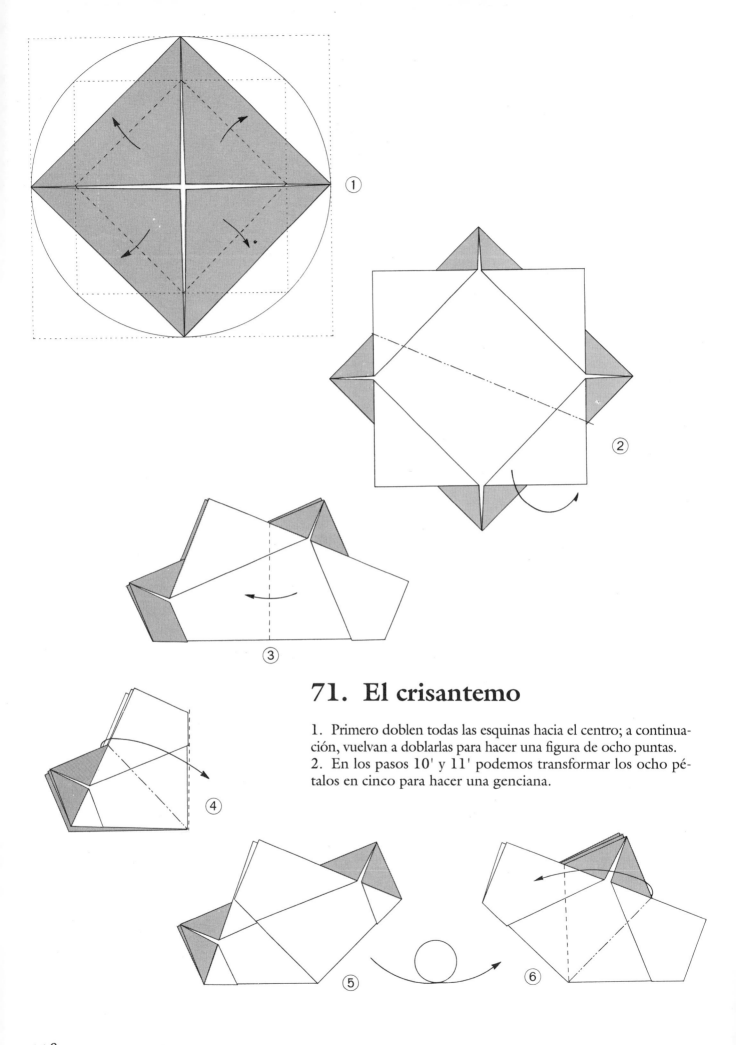

71. El crisantemo

1. Primero doblen todas las esquinas hacia el centro; a continuación, vuelvan a doblarlas para hacer una figura de ocho puntas.
2. En los pasos 10' y 11' podemos transformar los ocho pétalos en cinco para hacer una genciana.

(14)

Redondeen los pétalos.

(13)

Genciana

Crisantemo

(12)

Estiren los dos pétalos externos,
y toda la flor se abrirá.

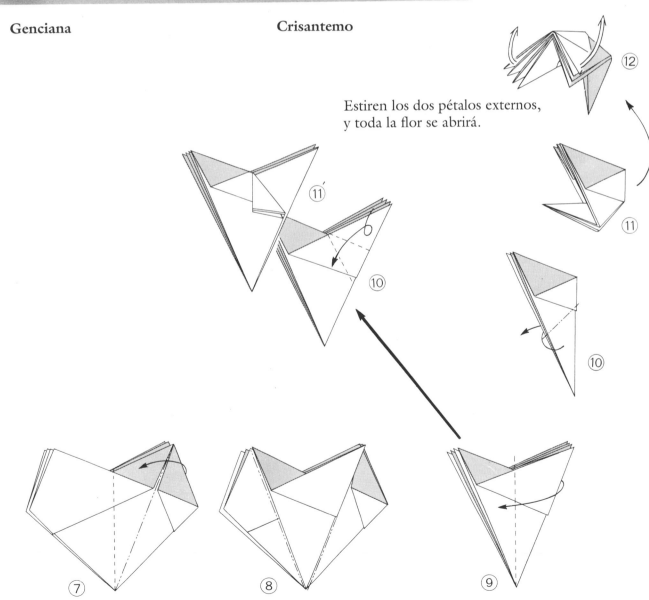

(11')

(11)

(10)

(10)

(9)

(7)

(8)

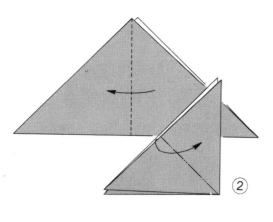

②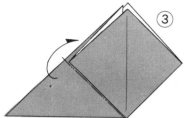

③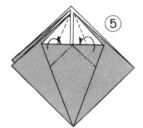

④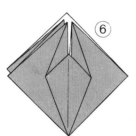

⑤

⑥

Doblen los otros tres bolsillos
como en el paso 5.

⑦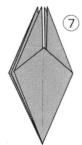

Pliegue básico V.

①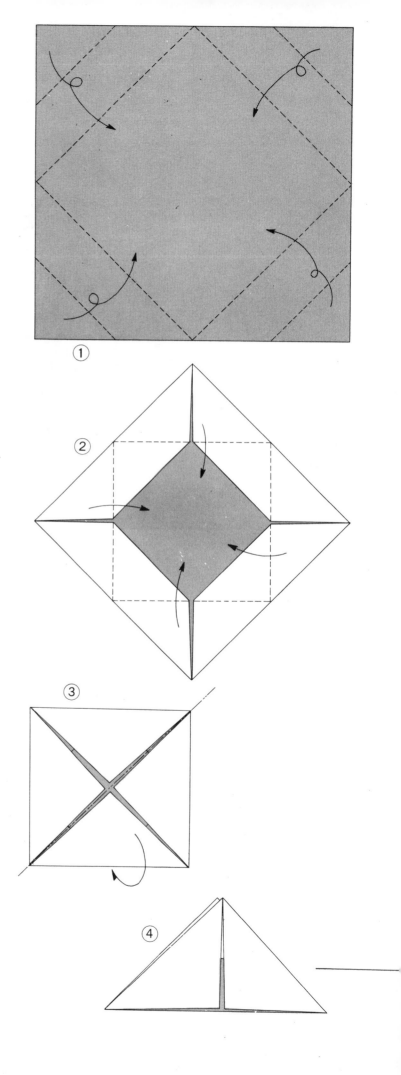

②

③

④

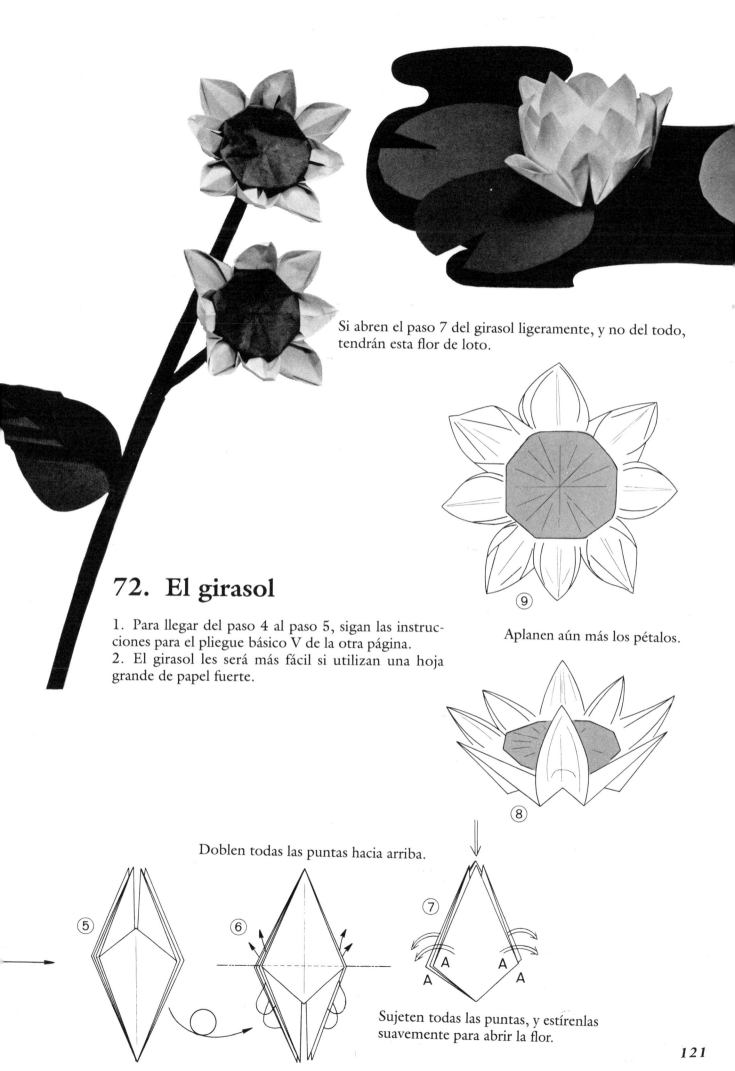

Si abren el paso 7 del girasol ligeramente, y no del todo, tendrán esta flor de loto.

72. El girasol

1. Para llegar del paso 4 al paso 5, sigan las instrucciones para el pliegue básico V de la otra página.
2. El girasol les será más fácil si utilizan una hoja grande de papel fuerte.

⑨

Aplanen aún más los pétalos.

⑧

Doblen todas las puntas hacia arriba.

⑤   ⑥   ⑦

A A
A   A

Sujeten todas las puntas, y estírenlas suavemente para abrir la flor.

Pliegue básico V.

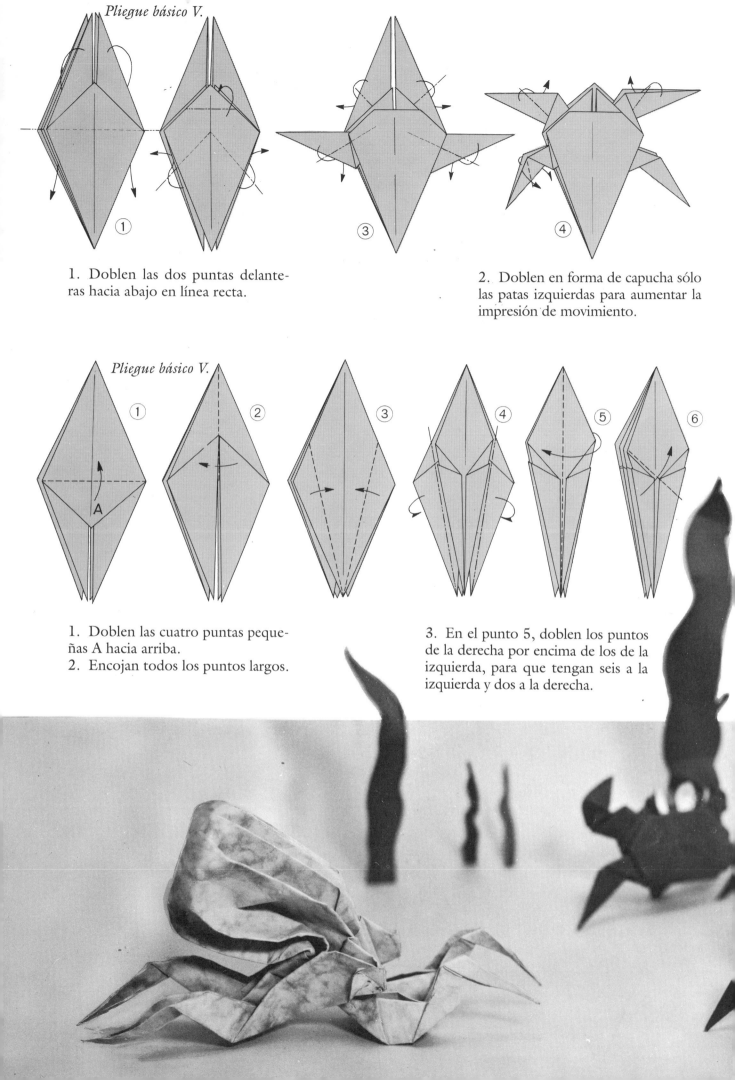

① ③ ④

1. Doblen las dos puntas delanteras hacia abajo en línea recta.

2. Doblen en forma de capucha sólo
las patas izquierdas para aumentar la
impresión de movimiento.

Pliegue básico V.

① ② ③ ④ ⑤ ⑥

A

1. Doblen las cuatro puntas pequeñas A hacia arriba.
2. Encojan todos los puntos largos.

3. En el punto 5, doblen los puntos
de la derecha por encima de los de la
izquierda, para que tengan seis a la
izquierda y dos a la derecha.

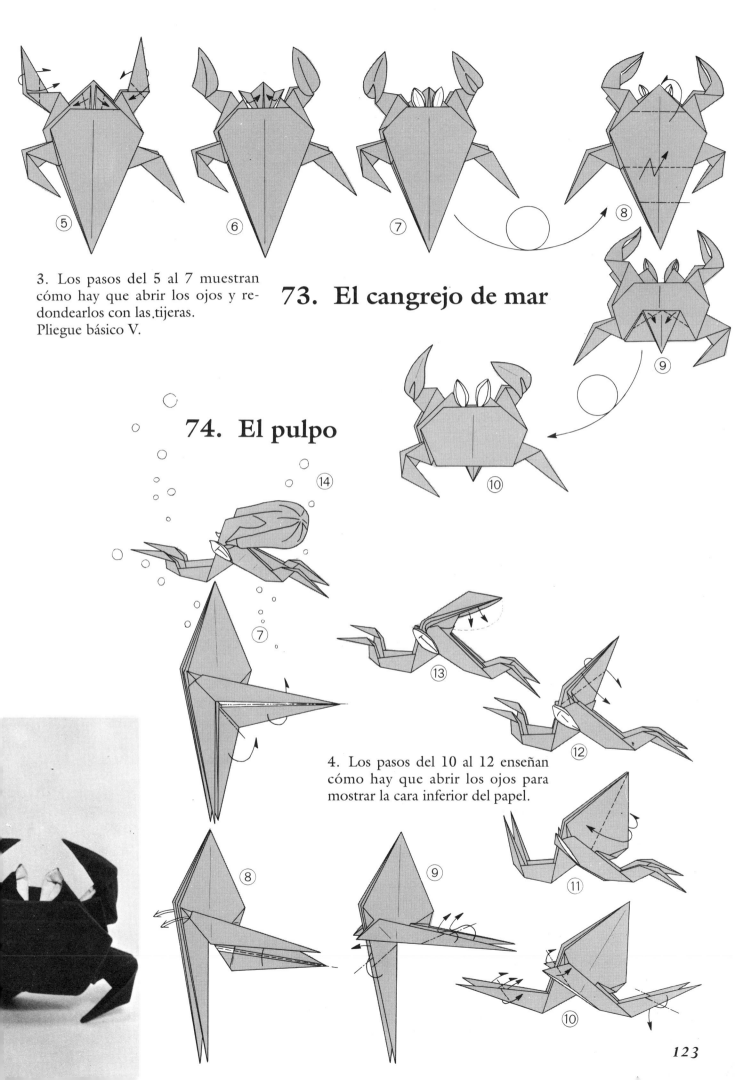

5

6

7

8

9

10

3. Los pasos del 5 al 7 muestran cómo hay que abrir los ojos y redondearlos con las tijeras. Pliegue básico V.

73. El cangrejo de mar

74. El pulpo

7

14

13

8

9

12

11

4. Los pasos del 10 al 12 enseñan cómo hay que abrir los ojos para mostrar la cara inferior del papel.

10

123

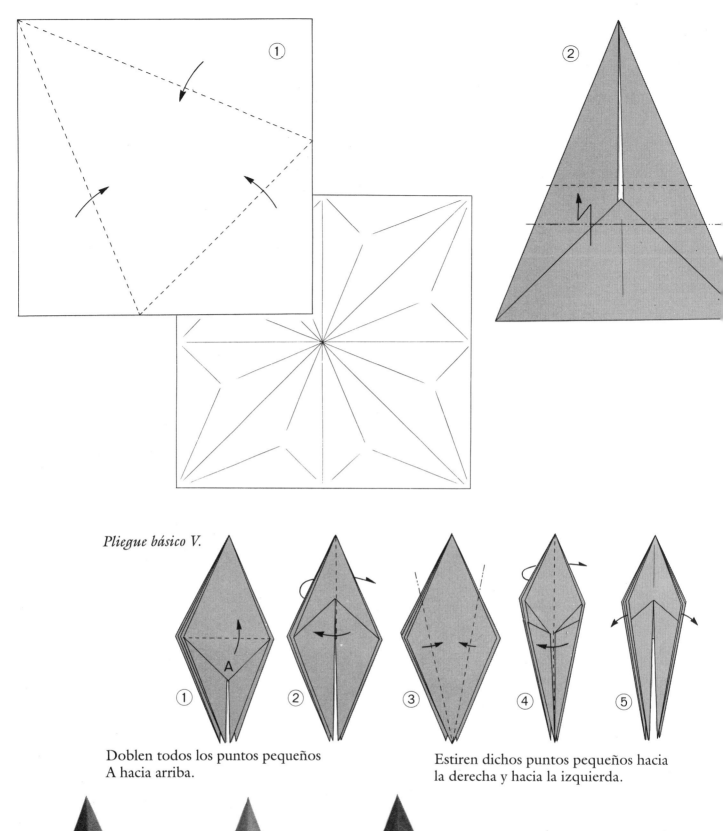

Pliegue básico V.

① ② ③ ④ ⑤

Doblen todos los puntos pequeños
A hacia arriba.

Estiren dichos puntos pequeños hacia
la derecha y hacia la izquierda.

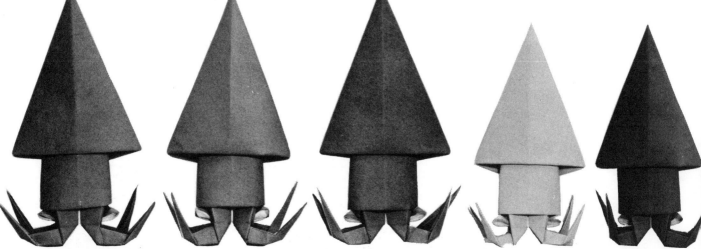

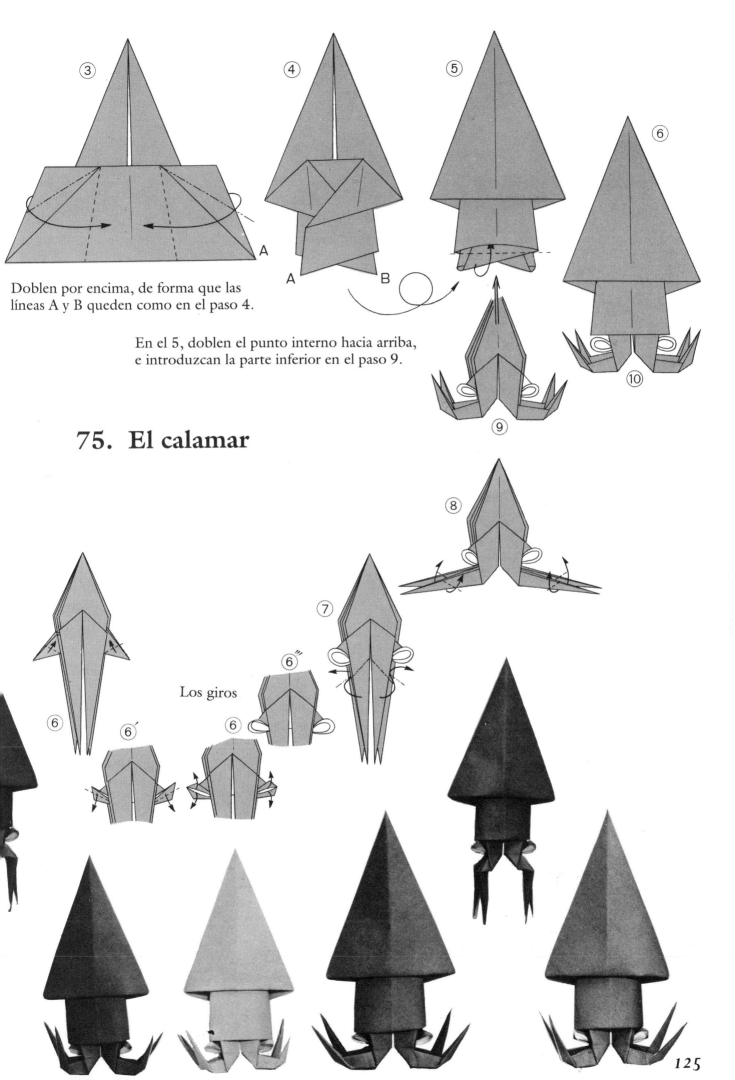

③

④

⑤

⑥

Doblen por encima, de forma que las
líneas A y B queden como en el paso 4.

En el 5, doblen el punto interno hacia arriba,
e introduzcan la parte inferior en el paso 9.

⑨

⑩

75. El calamar

⑧

⑦

Los giros

⑥

⑥

⑥′

⑥″

⑥‴

⑥

Con la papiroflexia pueden hacer todas las máscaras que quieran. Una de las cosas más interesantes de la papiroflexia son las infinitas posibilidades que tenemos para expresarnos cambiando un poco la línea de algún pliegue o utilizando un tipo de papel ligeramente diferente. Viceversa, es muy difícil tratar de hacer una máscara que se parezca a uno mismo o a otra persona. Por este motivo, cuando copien las máscaras de este capítulo sepan que les van a salir muy distintas a las que yo he hecho. Es lógico que sea así. Una vez que intenté hacer una máscara de Mefistófeles con una expresión desagradable, hice una cara que me gustaba mucho pero que no se parecía en nada al diablo de Goethe

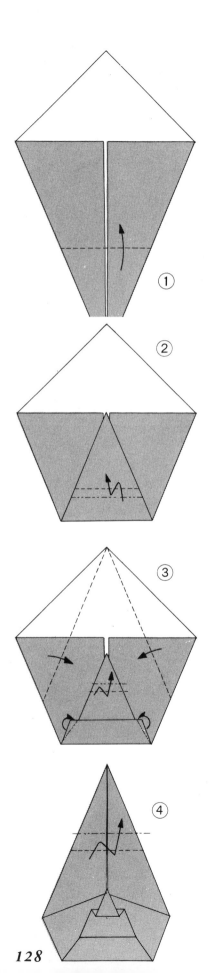

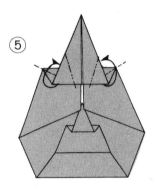

76. Indio

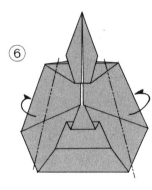

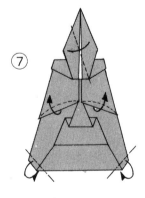

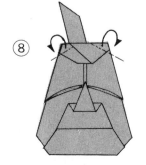

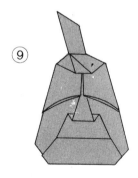

77. Mefistófeles

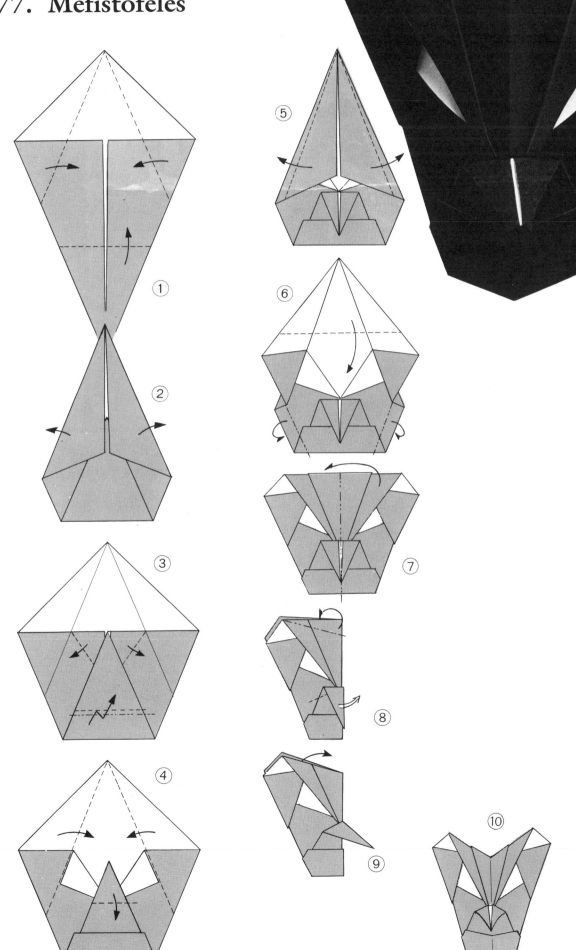

129

78. La calavera

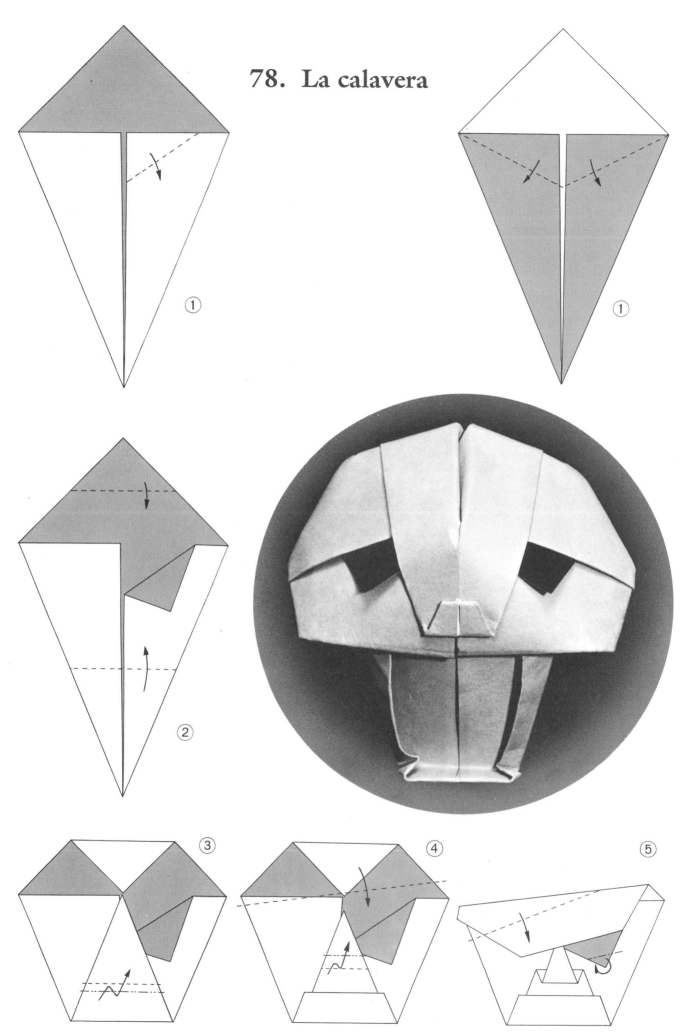

(1)

(1)

(2)

(3)

(4)

(5)

130

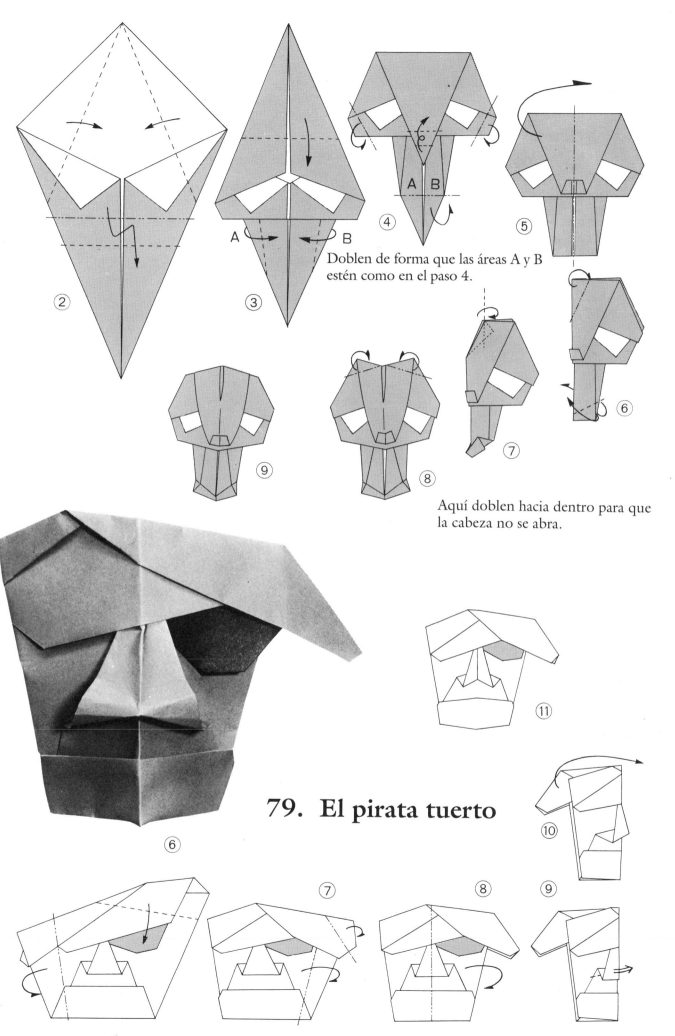

② ③

Doblen de forma que las áreas A y B
estén como en el paso 4.

④ ⑤ ⑥ ⑦

⑨ ⑧

Aquí doblen hacia dentro para que
la cabeza no se abra.

⑥

⑪

79. El pirata tuerto

⑩

⑦ ⑧ ⑨

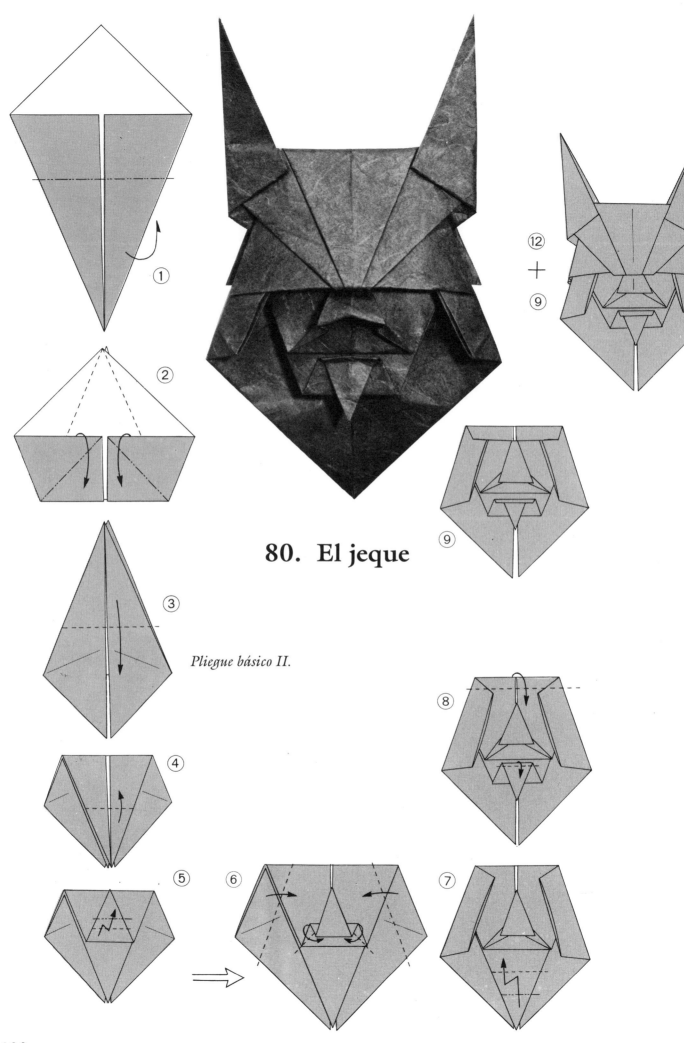

80. El jeque

Pliegue básico II.

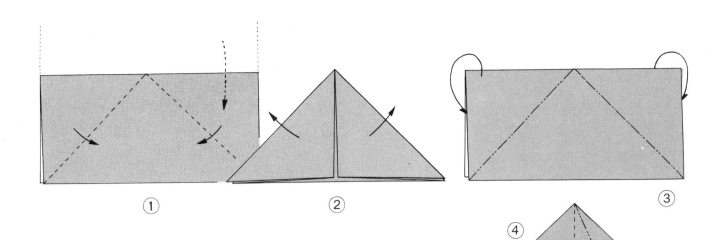

81. Yelmo vikingo

Junten el paso 9 del jeque con el yelmo vikingo,
y tendrán un guerrero vikingo.

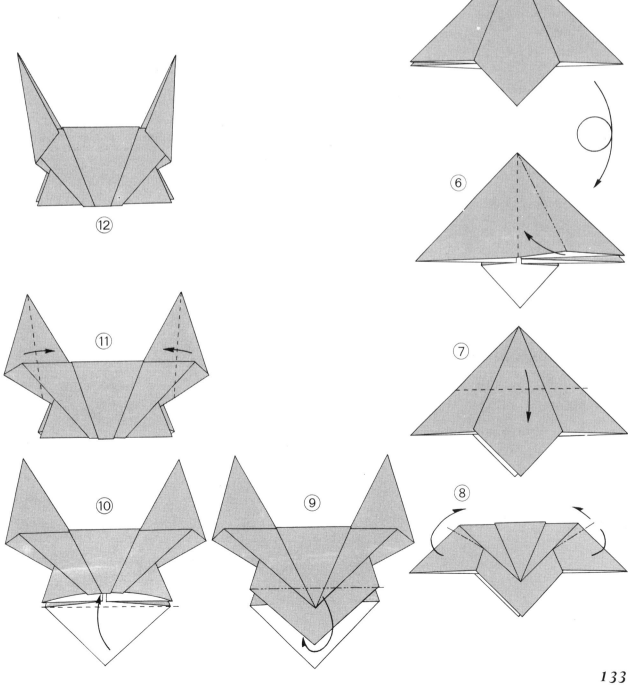

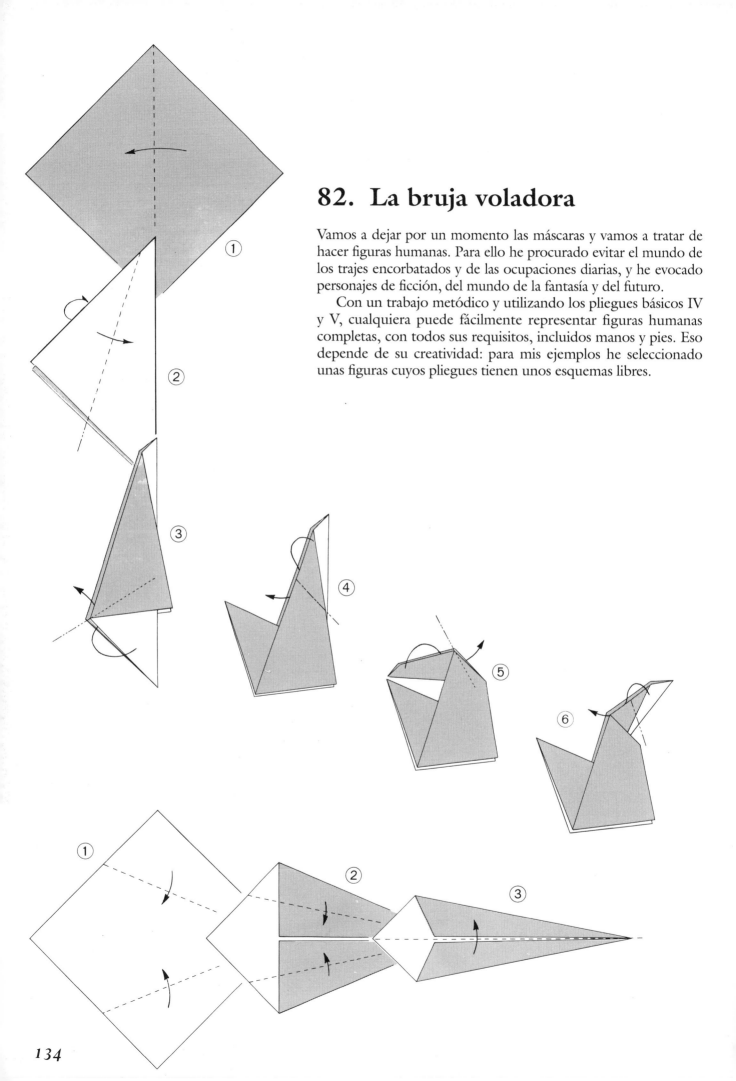

82. La bruja voladora

Vamos a dejar por un momento las máscaras y vamos a tratar de hacer figuras humanas. Para ello he procurado evitar el mundo de los trajes encorbatados y de las ocupaciones diarias, y he evocado personajes de ficción, del mundo de la fantasía y del futuro.

Con un trabajo metódico y utilizando los pliegues básicos IV y V, cualquiera puede fácilmente representar figuras humanas completas, con todos sus requisitos, incluidos manos y pies. Eso depende de su creatividad: para mis ejemplos he seleccionado unas figuras cuyos pliegues tienen unos esquemas libres.

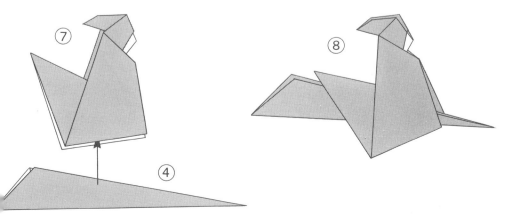

⑦

⑧

④

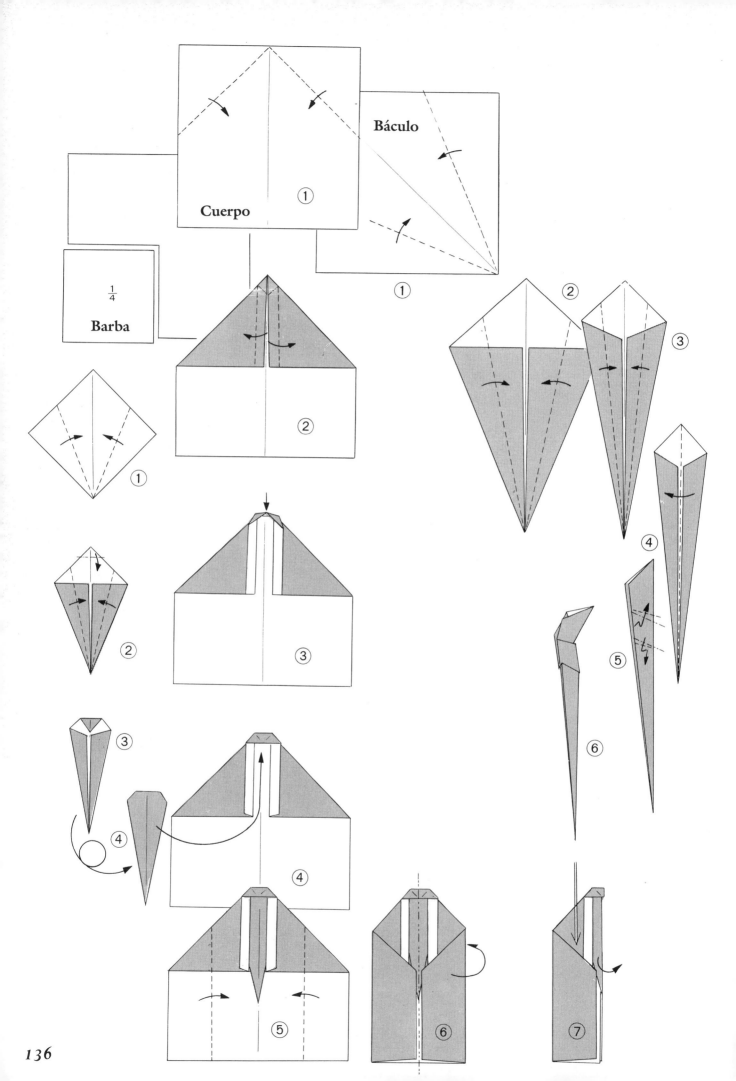

Cuerpo

Báculo

Barba

$\frac{1}{4}$

136

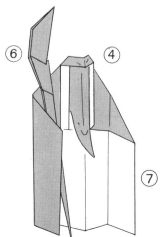

83. Moisés

Se trata de una figura compuesta, con hojas separadas para el cuerpo, el báculo y la barba.

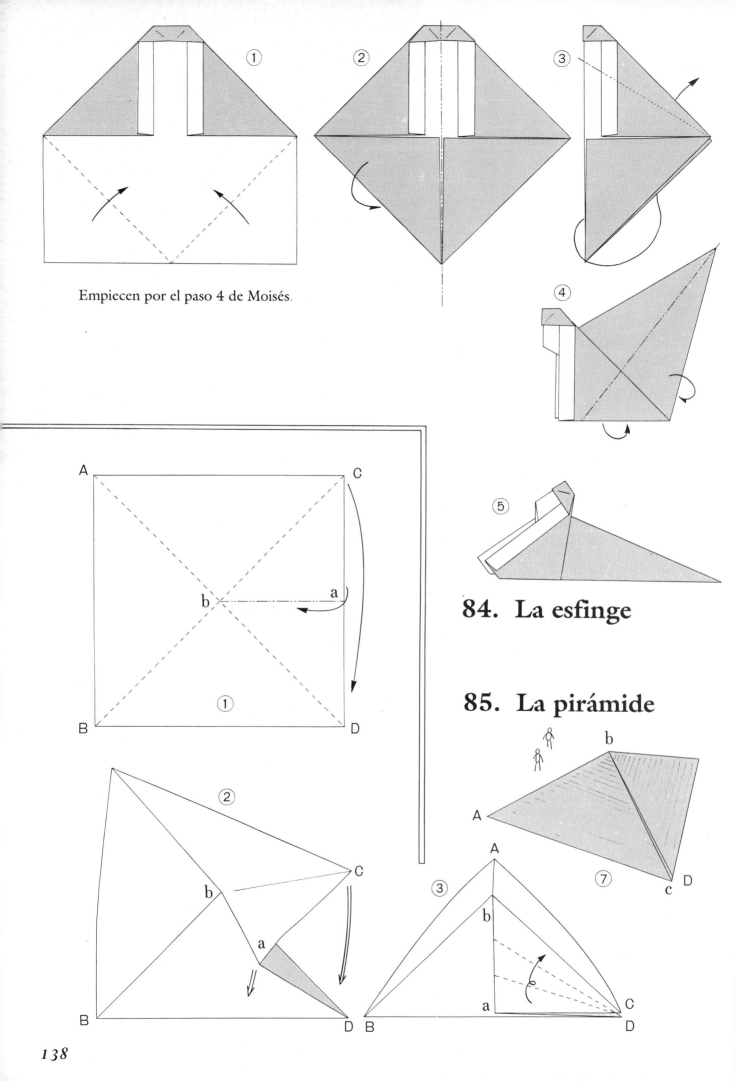

Empiecen por el paso 4 de Moisés.

84. La esfinge

85. La pirámide

138

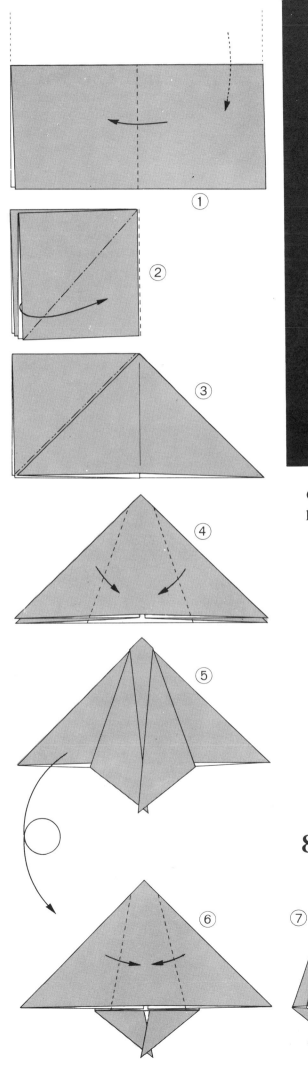

Combinen el borrego de la pág. 71 con este pastor para un belén.

86. El pastor

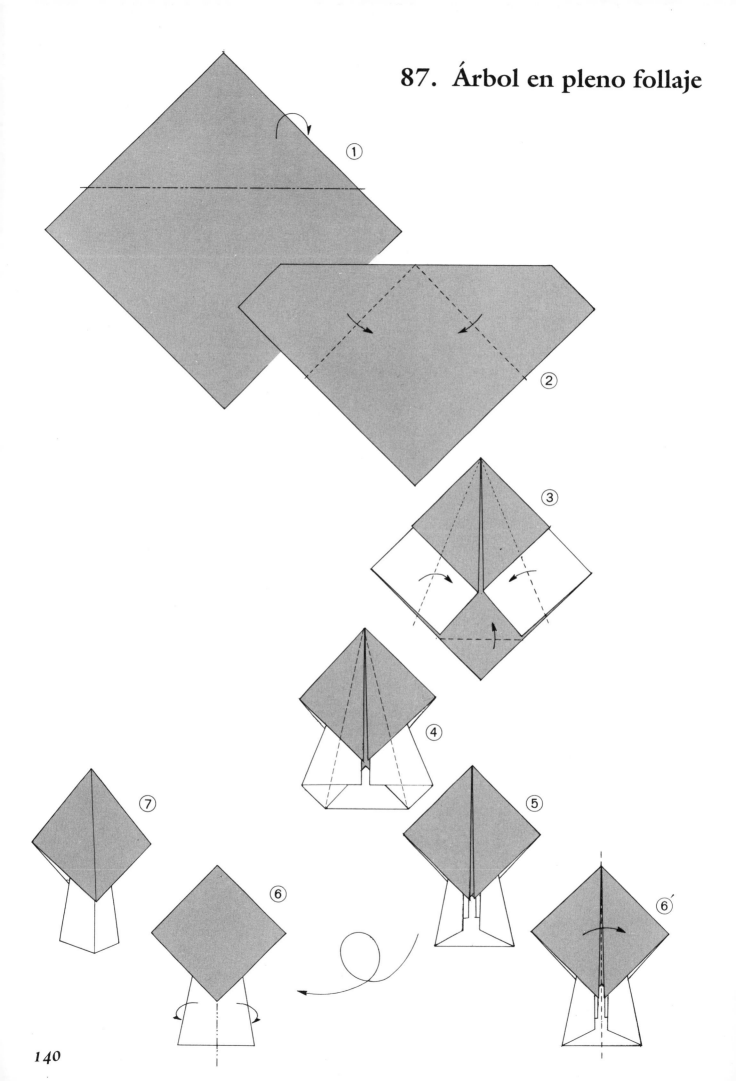

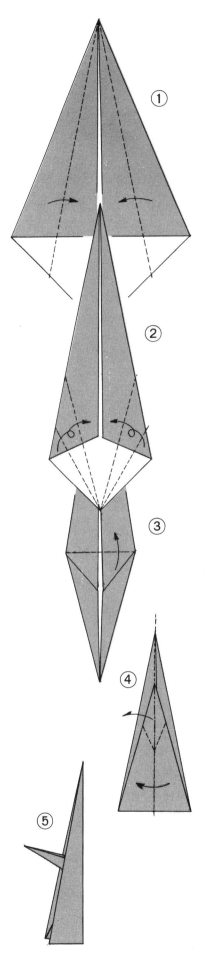

88. Árbol en invierno

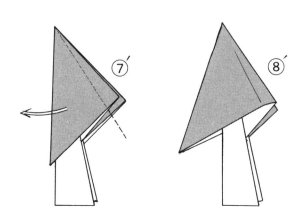

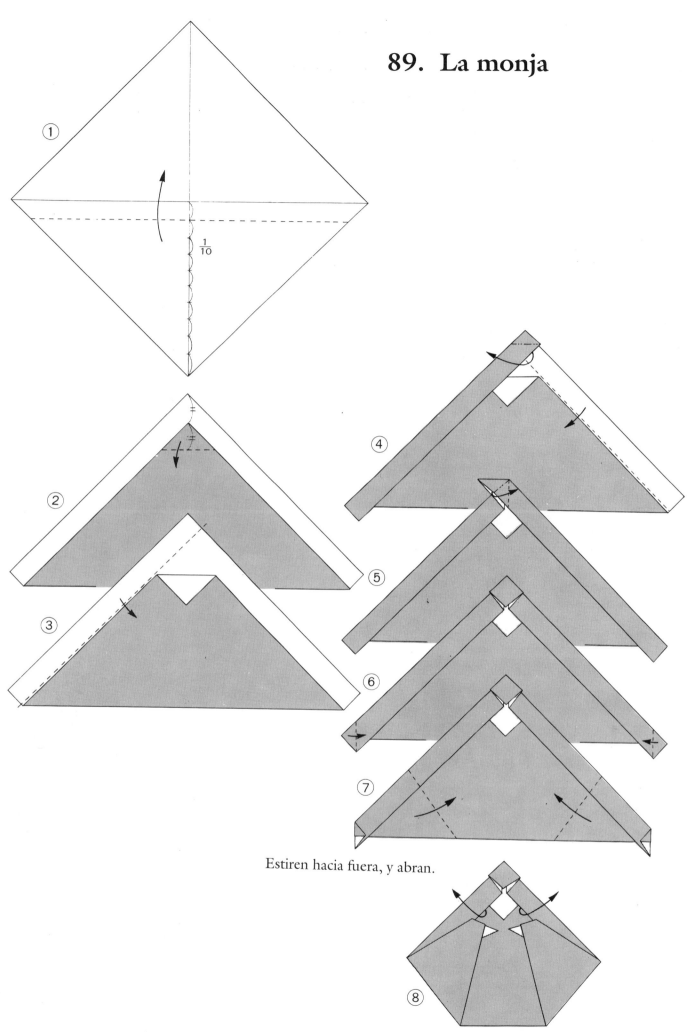

89. La monja

$\frac{1}{10}$

Estiren hacia fuera, y abran.

142

⑨

Doblen por las rayas.

⑩

⑪

⑫

⑬

⑭

⑮

⑯

①

②

Abran un poco.

③

④

⑤

Pliegue básico III.

90. Señora a la moda

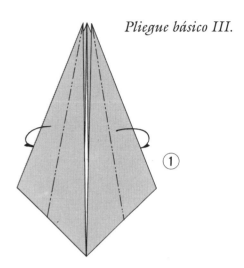

Pliegue básico III.

①

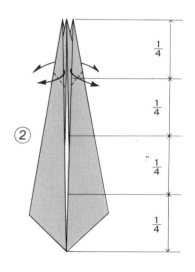

②

$\frac{1}{4}$

$\frac{1}{4}$

$\frac{1}{4}$

$\frac{1}{4}$

Doblen los brazos hacia fuera: tienen que medir aproximadamente la cuarta parte de la figura.

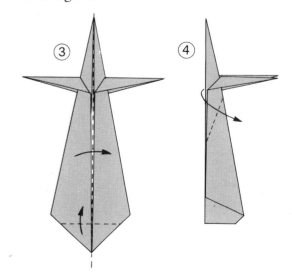

③

④

Aquí hay tres maneras de utilizar la forma de la figura humana hecha con el pliegue básico III. Ajustando las posturas de los brazos se puede alterar la expresión.

⑤

⑥

⑦

⑦′

⑦″

⑦‴

⑧

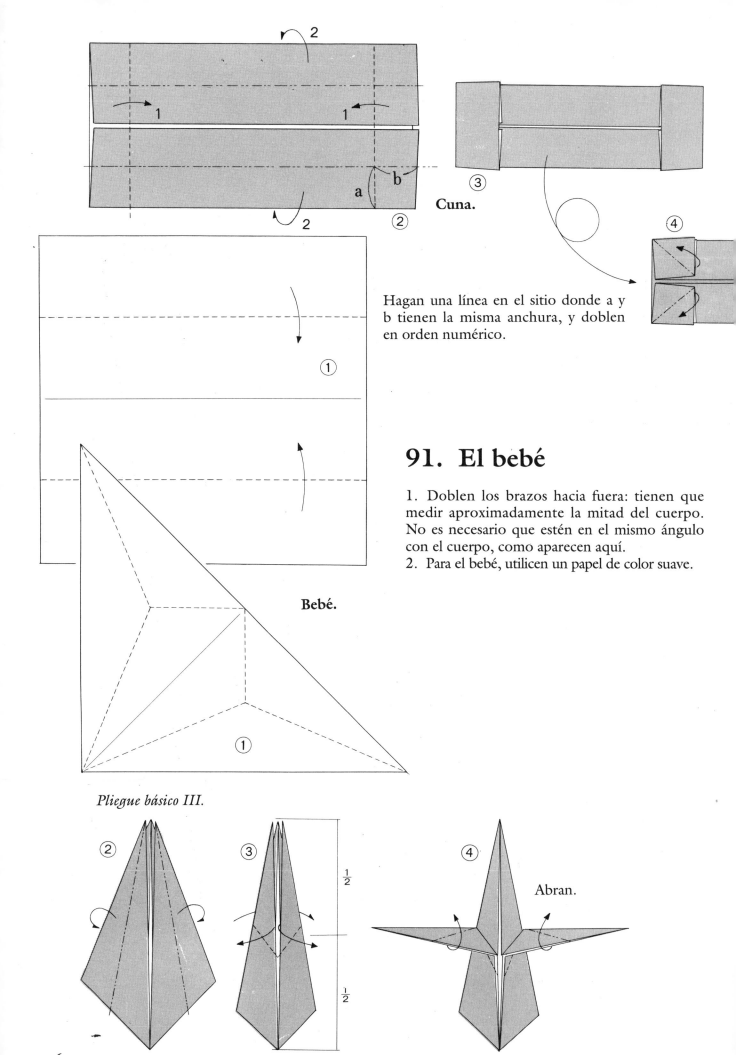

Cuna.

③

④

Hagan una línea en el sitio donde a y b tienen la misma anchura, y doblen en orden numérico.

91. El bebé

1. Doblen los brazos hacia fuera: tienen que medir aproximadamente la mitad del cuerpo. No es necesario que estén en el mismo ángulo con el cuerpo, como aparecen aquí.
2. Para el bebé, utilicen un papel de color suave.

Bebé.

Pliegue básico III.

②

③

$\frac{1}{2}$

$\frac{1}{2}$

④

Abran.

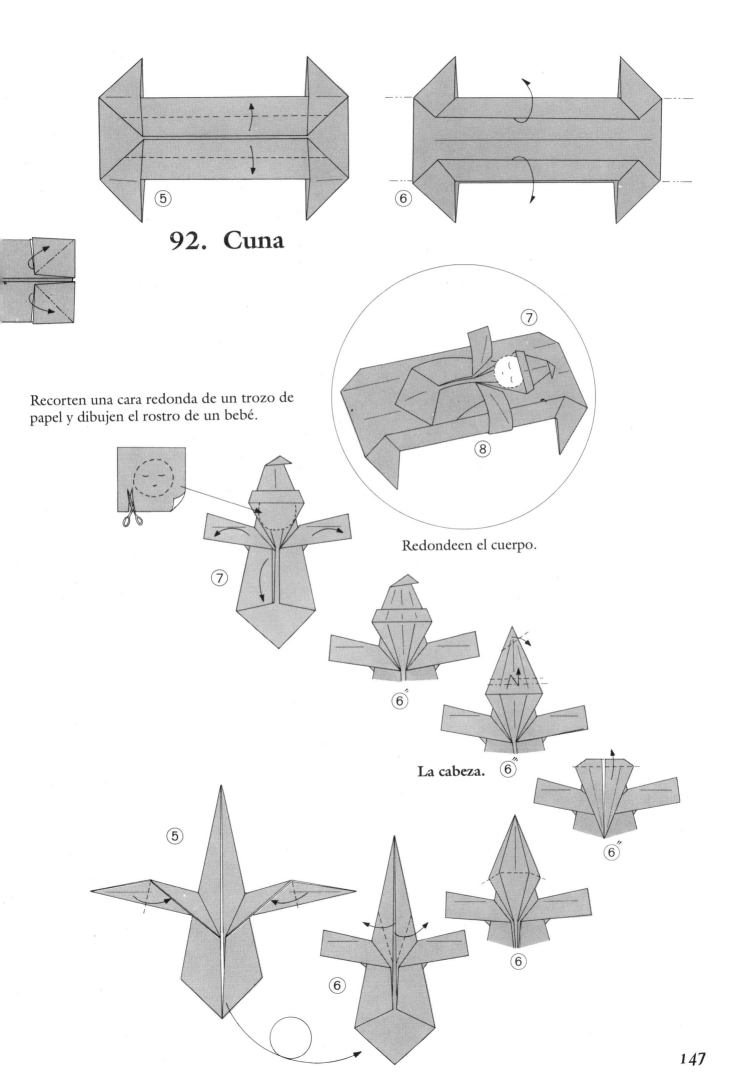

⑤

⑥

92. Cuna

⑦

⑧

Recorten una cara redonda de un trozo de
papel y dibujen el rostro de un bebé.

Redondeen el cuerpo.

⑦

⑥″

La cabeza. ⑥‴

⑥‴

⑤

⑥

⑥

147

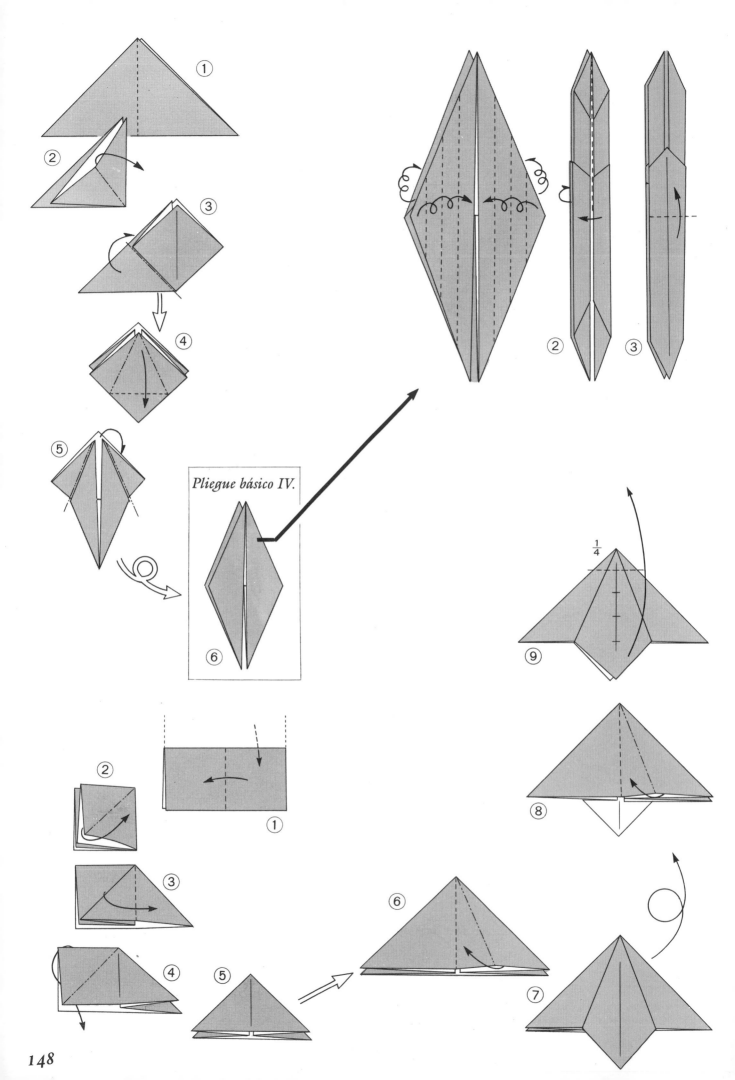

Pliegue básico IV.

148

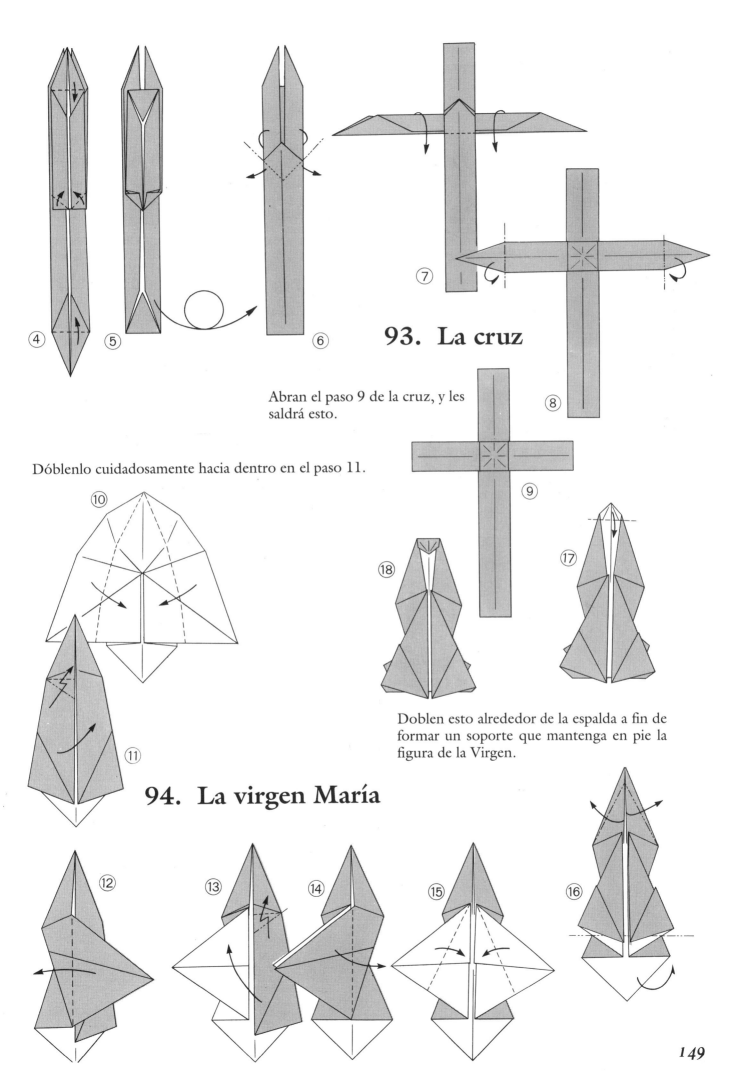

④ ⑤ ⑥

93. La cruz

⑦ ⑧ ⑨

Abran el paso 9 de la cruz, y les saldrá esto.

Dóblenlo cuidadosamente hacia dentro en el paso 11.

⑩ ⑪

⑱ ⑰

Doblen esto alrededor de la espalda a fin de formar un soporte que mantenga en pie la figura de la Virgen.

94. La virgen María

⑫ ⑬ ⑭ ⑮ ⑯

149

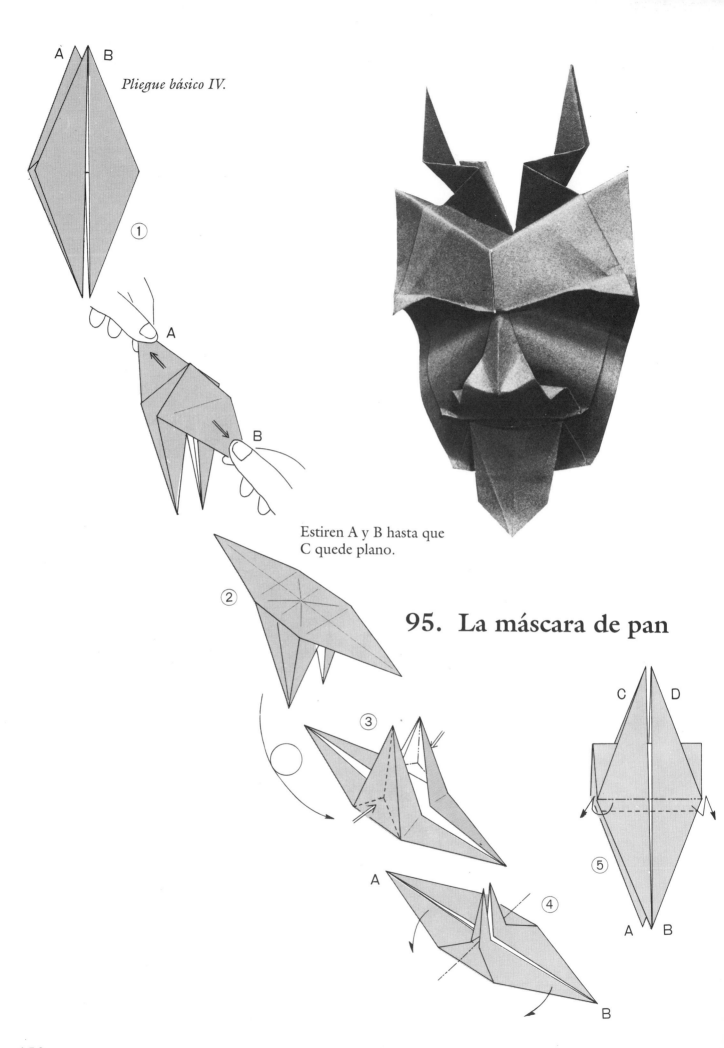

A B

Pliegue básico IV.

①

A

B

Estiren A y B hasta que
C quede plano.

②

③

④

⑤

A

B

A

B

C D

A B

95. La máscara de pan

150

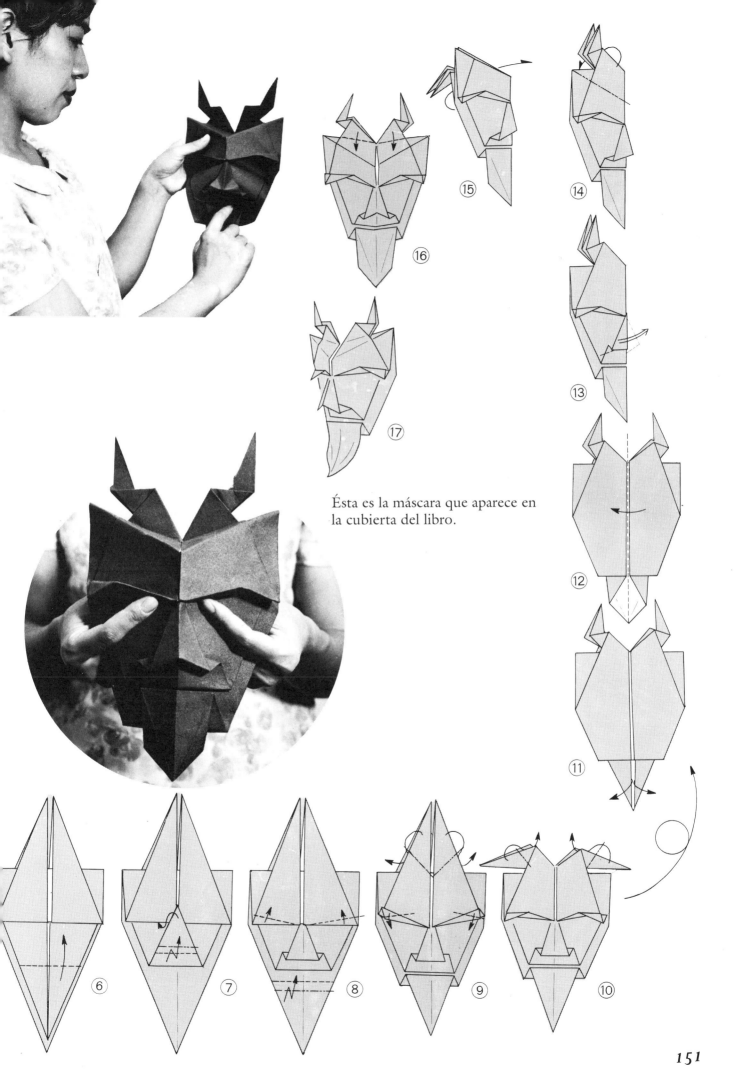

Ésta es la máscara que aparece en
la cubierta del libro.

⑯ ⑮ ⑭ ⑰ ⑬ ⑫ ⑪ ⑥ ⑦ ⑧ ⑨ ⑩

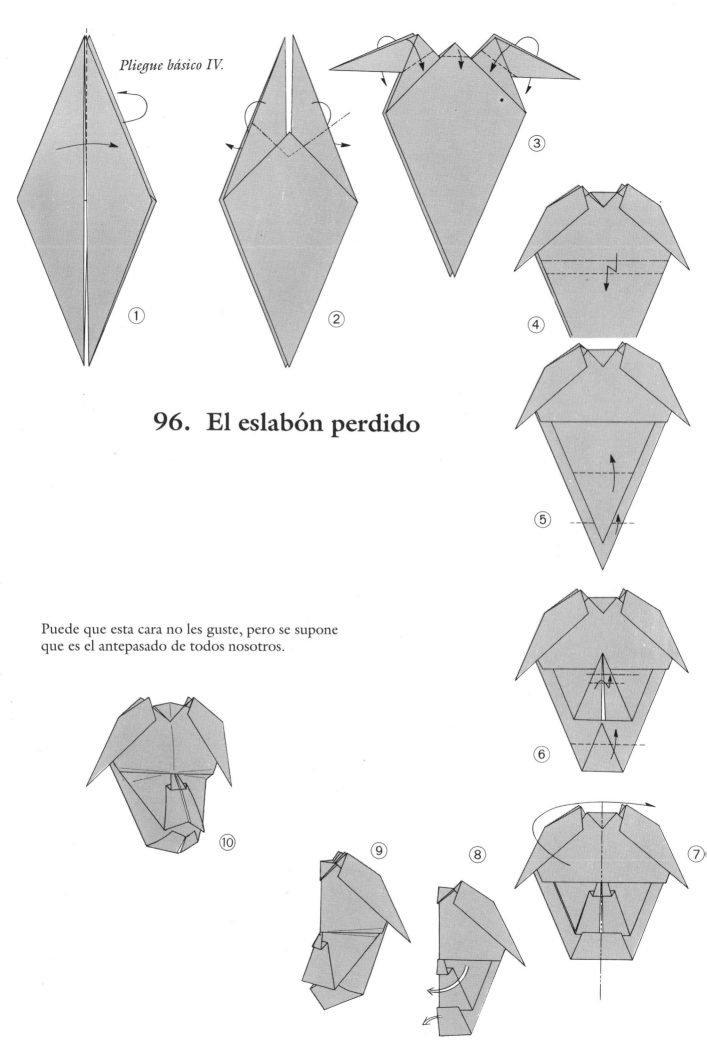

Pliegue básico IV.

① ② ③

96. El eslabón perdido

④ ⑤ ⑥

Puede que esta cara no les guste, pero se supone que es el antepasado de todos nosotros.

⑩ ⑨ ⑧ ⑦

Cavernícolas y compañía

El brontosaurio y los cavernícolas están hechos con el pliegue básico IV.
Para el brontosaurio sirve el método que hemos usado para doblar el lagarto (pág. 69). Como se pueden imaginar, el pliegue de los cavernícolas es una variante del pliegue del gorila (pág. 63).

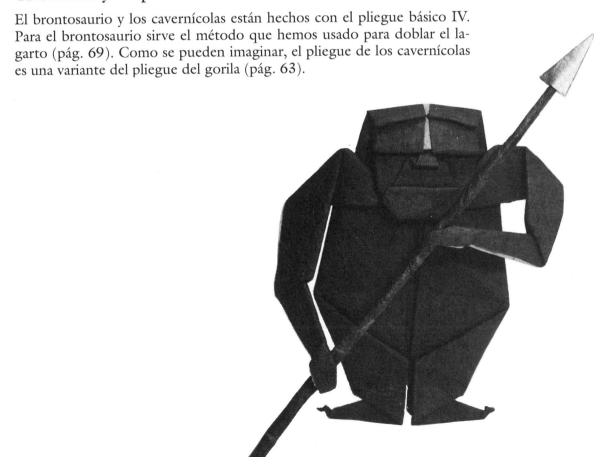

97. El astronauta (o cosmonauta)

Hemos hecho muchos monos, y acabamos de dar nuestra interpretación del eslabón perdido; ahora vamos a demostrar, mediante la papiroflexia, que los tiempos han cambiado haciendo un héroe de la era espacial. Dicho sea de paso, no tendrían que cambiar en absoluto su héroe de la era espacial si quisieran convertirlo en submarinista.

Pliegue básico IV.

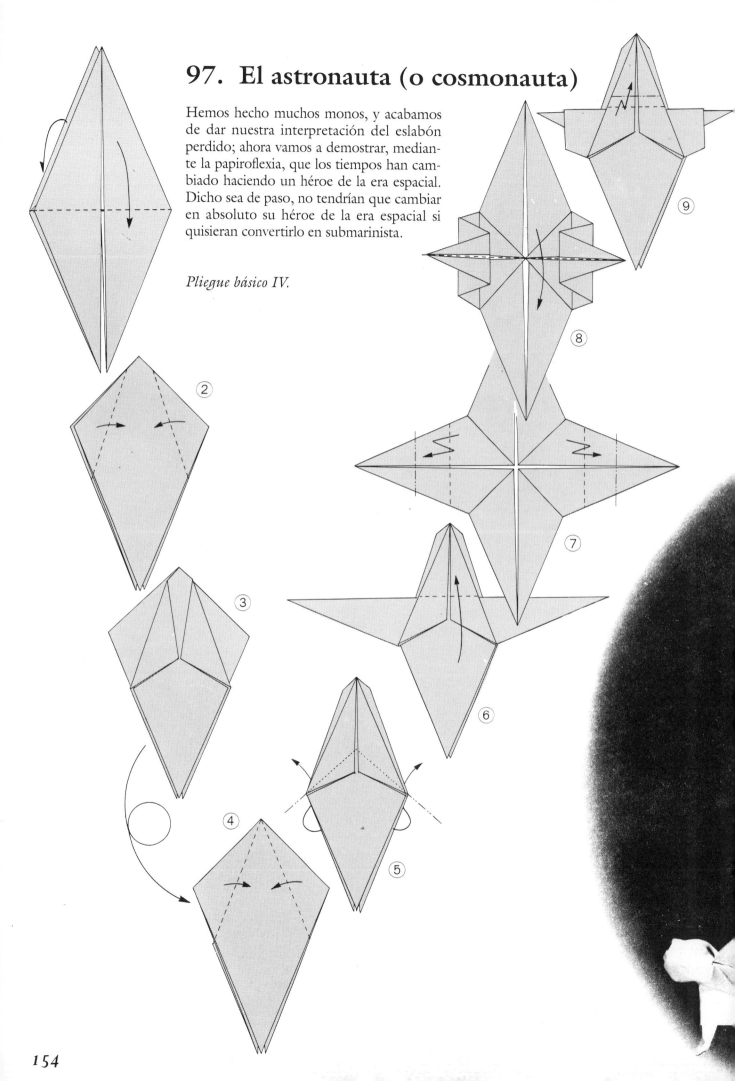

② ③ ④ ⑤ ⑥ ⑦ ⑧ ⑨

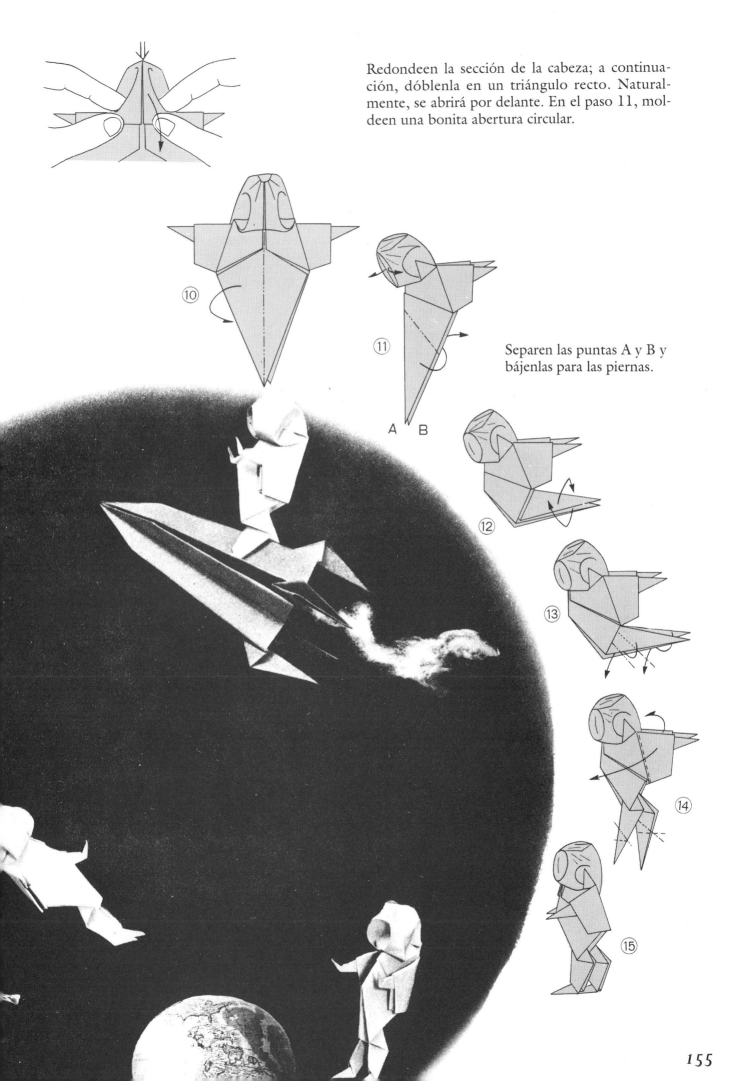

Redondeen la sección de la cabeza; a continuación, dóblenla en un triángulo recto. Naturalmente, se abrirá por delante. En el paso 11, moldeen una bonita abertura circular.

⑩

⑪

A B

Separen las puntas A y B y bájenlas para las piernas.

⑫

⑬

⑭

⑮

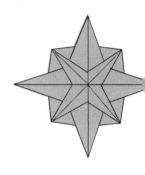

98. El cohete

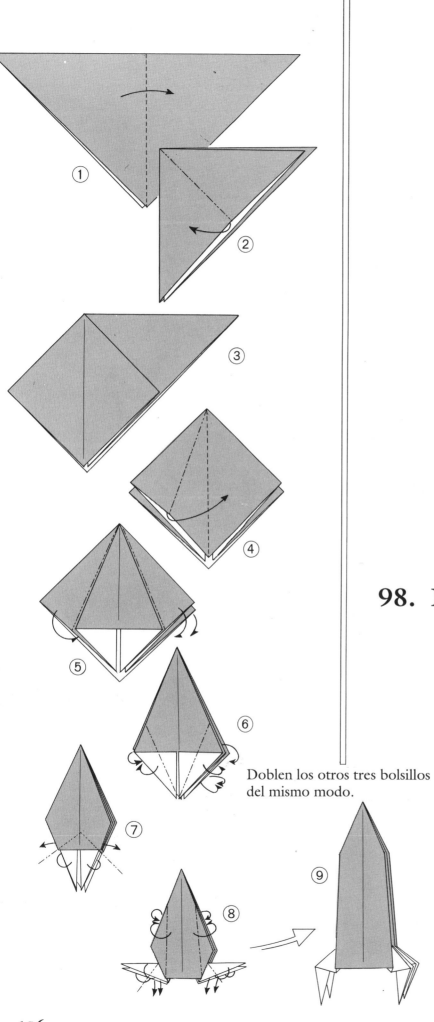

① ② ③ ④ ⑤ ⑥ ⑦ ⑧ ⑨

Doblen los otros tres bolsillos del mismo modo.

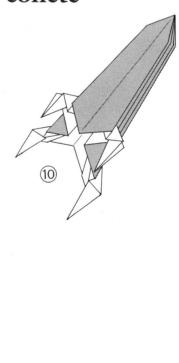

⑩

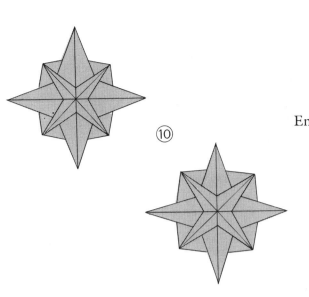

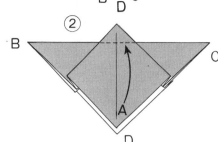

Empiecen por el paso 4 del cohete.

99. Estrella brillante

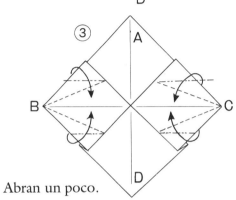

Abran un poco.

Si doblan con cuidado, su estrella quedará preciosa. Será incluso más bonita si utilizan papel plateado o dorado.

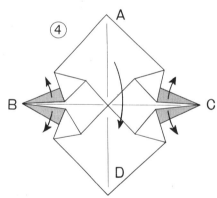

Doblen por encima, y abran hacia fuera.

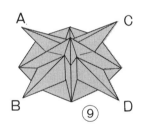

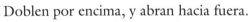

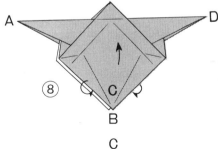

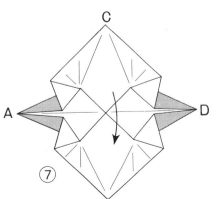

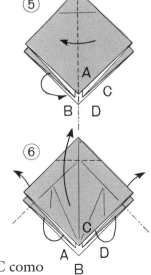

Doblen las puntas BC como hicieron con las puntas AD.

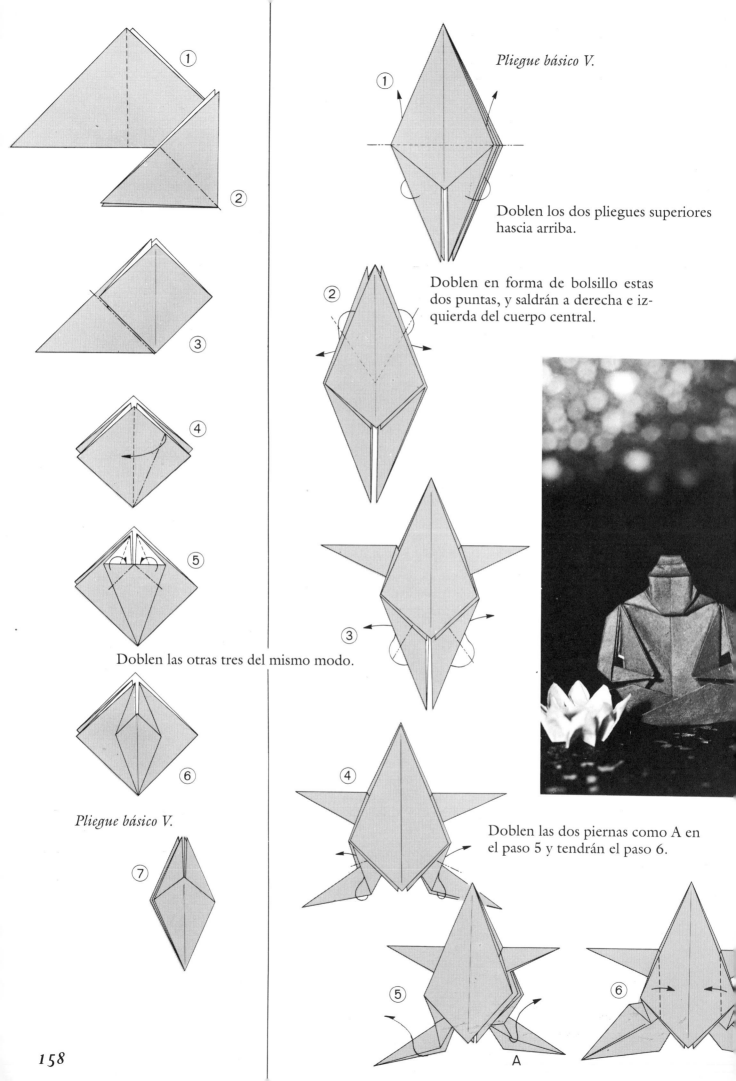

① ②

③

④

⑤

Doblen las otras tres del mismo modo.

⑥

Pliegue básico V.

⑦

Pliegue básico V.

① Doblen los dos pliegues superiores hascia arriba.

② Doblen en forma de bolsillo estas dos puntas, y saldrán a derecha e izquierda del cuerpo central.

③

④ Doblen las dos piernas como A en el paso 5 y tendrán el paso 6.

⑤

A

⑥

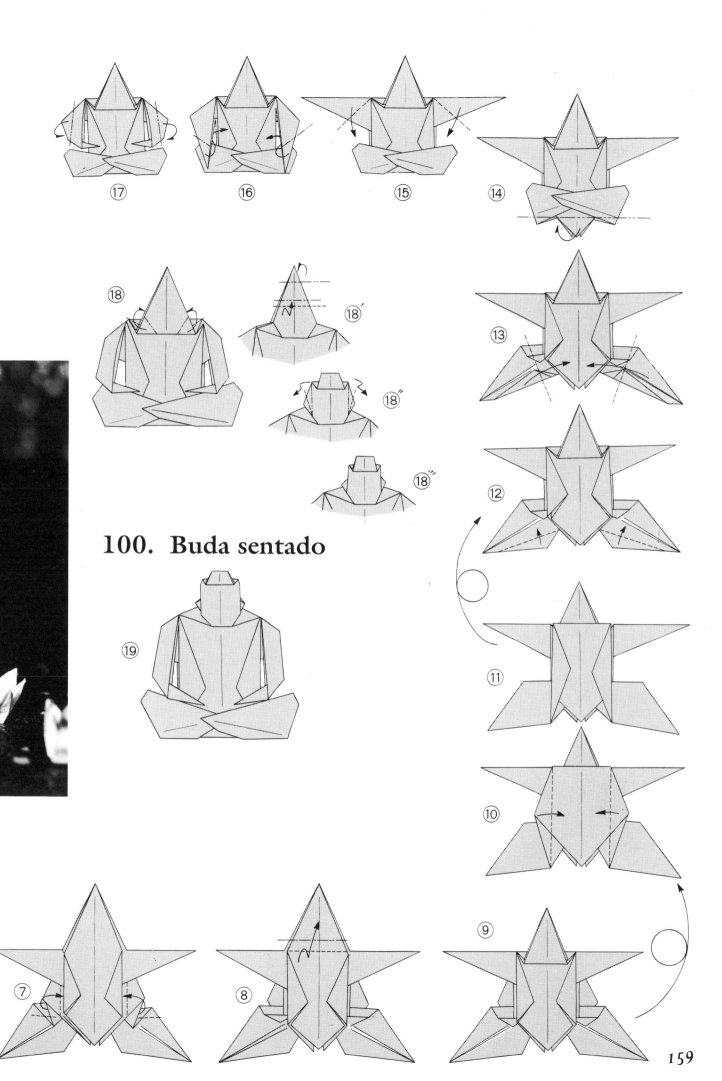

100. Buda sentado

CAPÍTULO V

La emoción de crear

LA papiroflexia es un arte que ustedes pueden practicar en todas partes, a cualquier hora, viajando en tren o en coche, esperando a alguien, o en la sobremesa. Con un trozo de papel en sus manos, sean niños pequeños o ancianos venerables, antes de que se den cuenta, notarán que sus dedos empiezan a doblar el papel en algo. Ésta es una manifestación del deseo humano instintivo de hacer cosas. La papiroflexia surgió de este mismo deseo. Si se limitan a doblar una tira de papel al estilo antiguo, no tendrán otra cosa que un pedazo de basura doblada. Cuando tenemos alguna idea clara, es cuando hacemos la papiroflexia.

La papiroflexia puede enriquecer nuestra vida con el gozo de haber hecho algo por nosotros mismos. Eso ha dado felicidad a mucha gente durante muchos cientos de años. Y quienes queremos y respetamos este arte tenemos la obligación de seguir perpetuándolo.

En el origen de la papiroflexia hay un defecto. Los métodos para doblar, cuidadosamente estudiados, nos han permitido reproducir ciertas cosas fijas, pero sin ninguna posibilidad de desarrollar una papiroflexia nueva, nuestra propia papiroflexia creativa. Yo creo que la verdadera papiroflexia proporciona tres alegrías: la alegría de hacer algo, la alegría de apreciar el producto acabado y la alegría de inventar algo nuevo. Cuando estos tres elementos están presentes, la papiroflexia se convierte en algo más significativo que un mero pasatiempo. Para hacerlo así, tenemos que evitar el sistema de doblar de cualquier manera y al azar hasta dar con algo que tenga algún sentido. Lógicamente, tenemos que proceder a analizar los pasos que tenemos que dar para producir una forma determinada. El objetivo de este libro no es simplemente el de aumentar el número de figuras hechas con la papiroflexia, sino el de buscar los métodos de doblar más racionales, a fin de crear una papiroflexia mejor, y comprender dichos métodos racionales de forma que mediante la papiroflexia podamos expresar nuestra propia individualidad. Haciendo esto podemos contribuir al desarrollo de la papiroflexia.

La primera sección de este libro contiene el proceso de la papiroflexia creativa, un proceso que les he ofrecido según mi conocimiento y experiencia. Ahora son ustedes quienes tienen la obligación de aumentarlo para estabilizar y elevar el valor de la papiroflexia.

Determinación creativa

¿Cómo podríamos hablar de la creación en términos más concretos? Lo primero que tenemos que hacer es dar una determinación a nuestros impulsos creativos. Después, debemos considerar cada etapa del proceso individualmente para que el paso desde una fase de la determinación creativa a otra sea suave y fácil. Concentrar en un solo objetivo las energías creativas dispersas aumenta el poder de las mismas.

Lo que sigue es una explicación general de la determinación creativa. Para comprender mejor todo el proceso, sigan fielmente la explicación paso a paso.

1. **La creación empieza por los detalles.**

2. **Croquis de líneas rectas, pliegues básicos y combinaciones (1).**

1. Fíjense bien en el objeto que quieren reproducir.
2. Descubran el rasgo distintivo más destacado de dicho objeto.
3. Limítense a expresar ese rasgo.

4. Hagan un croquis de toda la figura que se proponen hacer, subrayando la parte más importante que desean destacar.
5. Seleccionen el pliegue básico que mejor se adapta a su croquis.

3. Hacer la estructura y las combinaciones (2).

4. El remate.

6. Siempre siguiendo su croquis, hagan la estructura de la figura utilizando el pliegue básico que han seleccionado.

7. Trabajando con el pliegue básico, completen toda la forma.

8. Elijan el tamaño, la hechura y el color de los materiales que necesitan. Hagan una prueba completa de su figura.

1. La creación empieza por los detalles

Aunque pueda parecer obvio, es absolutamente imprescindible observar atentamente lo que se va a reproducir con la papiroflexia, antes incluso de coger el papel para empezar a doblar. No existe un sistema especial para hacer esta observación, pero hay una cosa importante que no debemos olvidar.

Como ya he apuntado antes, el proceso de la papiroflexia consiste únicamente en doblar. Eso significa que su composición es a base de líneas rectas, puesto que las líneas que hacemos en el papel cuando lo doblamos son siempre rectas. Además, la diferencia de color entre la cara superior y la cara inferior del papel pone a prueba nuestra habilidad para utilizar los colores a fin de alcanzar los fines deseados. Por supuesto, podemos enroscar o ahuecar nuestros pliegues, o utilizar varios pliegues pequeños para crear curvas y ángulos, pero la esencia básica de este arte sigue dependiendo de la línea recta. La práctica totalidad de los seres vivos de este mundo, sin embargo, están hechos de líneas curvas y de superficies planas. Cuando examinen un objeto para reproducirlo mediante la papiroflexia, imagínenlo en términos de líneas rectas, e intenten descubrir cuál es la forma en línea recta que reproducirá mejor sus rasgos característicos.

Vamos a tomar al zorro como ejemplo y vamos a ver cómo esta teoría funciona realmente en la práctica.

Tenemos aquí seis posturas corrientes en un zorro (A-F). Recordando lo que acabamos de decir, vemos que las posturas A y B no se pueden representar muy bien con líneas rectas, mientras que la E y la F son fáciles de manejar. Como prueba, podemos coger las formas intermedias C y D y tratar de establecer una orden creativa para ellas.

Como se imaginarán, la ilustración 2 A es una ampliación de D. En el momento de elegir la postura que deseamos, hemos completa-

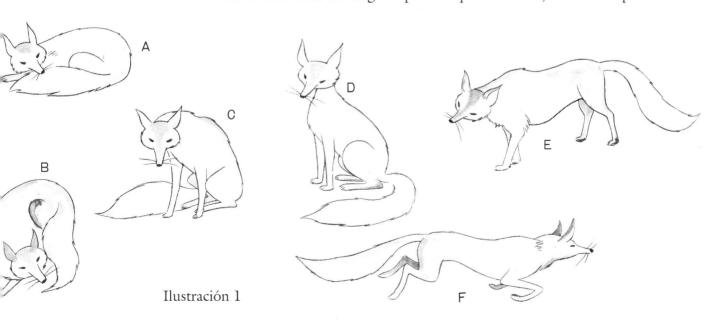

Ilustración 1

163

do el paso uno de la determinación creativa. La siguiente tarea consiste en seleccionar las partes más características del animal. Podemos hacerlo rápidamente comparando nuestro zorro con algún otro modelo. Como pueden ver en la ilustración 2 B, hemos puesto un perro en la misma postura que el zorro, y hemos dividido ambas figuras en tres secciones: 1, 2, 3 y 1', 2', 3'.

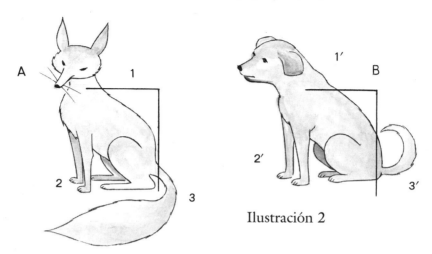

Ilustración 2

Resulta evidente desde un principio que, como era de esperar, las diferencias entre los dos animales están en las cabezas y en los rabos. Eso significa que para hacer el zorro será mejor empezar por buscar el método de representar la cabeza y el rabo. Naturalmente, lo mismo ocurriría si pretendiéramos hacer un perro mediante la papiroflexia.

Todo esto parece muy bonito, pero me temo que no es más que una teoría. Cuando en la práctica intentamos hacer, mediante la papiroflexia, figuras de animales, como el perro y el zorro, nos hallamos ante la difícil tarea de representar a un bicho complicado, con cuatro patas, dos orejas, una nariz y un rabo, y todo eso doblando una simple hoja de papel. ¿Qué hacer?

La verdad es que nuestra mirada está siempre distraída por la forma global. Debemos acostumbrar a nuestros ojos a mirar primero sólo los detalles y a borrar el resto de nuestra vista de momento. Cuando hacemos eso, podemos comprender claramente la forma que deseamos reproducir y empezamos a creer que vamos a ser capaces de llevar a cabo el proyecto. ¡Después de todo, la creatividad no es propiedad de unos pocos elegidos!

Volvamos ahora al zorro, y vamos a mirarle únicamente la cabeza y el rabo. Preparen varias hojas de papel cuadrado, todas del mismo tamaño.

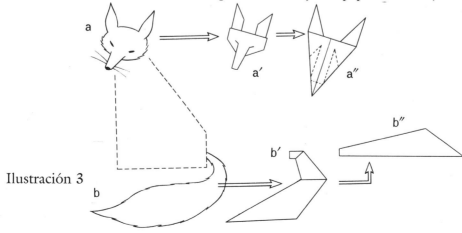

Ilustración 3

La ilustración 3 muestra lo que tienen que recordar para que el zorro les salga bien. Apliquen a la cabeza y al rabo las sugerencias que les hemos dado respecto a las formas de línea recta. Eso les servirá para entender las técnicas que aparecen en a'' y b''. Dado que el rabo es, evidentemente, más fácil que la cabeza, vamos a empezar por ahí.

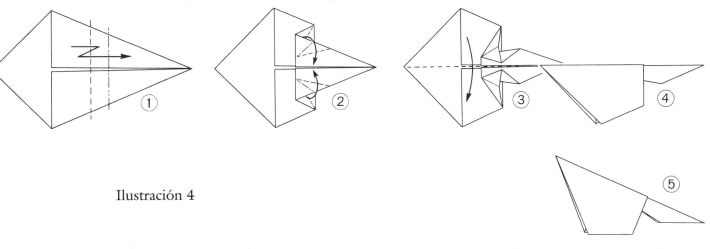

Ilustración 4

Doblar b'': A pesar de que es una versión de la forma anticipada, al menos hemos hecho b''. Ahora vamos a tratar de doblar a. Primero, olvídense de las orejas, y piensen solamente en el morro que a indica.

Ilustración 5

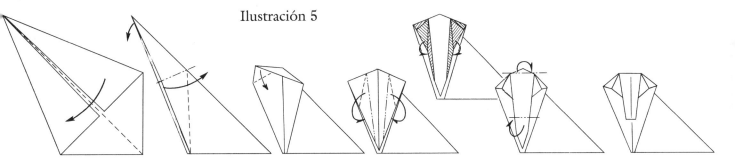

Doblar a, I: Éste es el morro tal y como lo hemos imaginado, pero sin orejas. Si hacemos algo en el paso final para las orejas, todo nos saldrá bien. Como tenemos prisa por ver la figura acabada, vamos a dar simplemente un par de cortes con las tijeras para crear dos orejas puntiagudas.

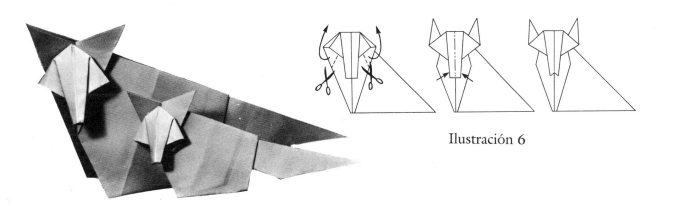

Ilustración 6

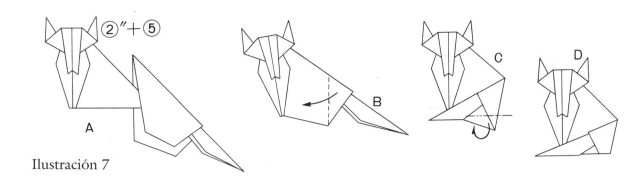

Ilustración 7

Doblar a' II: De algún modo nos las hemos arreglado para reproducir a' o a. Mediante un proceso muy sencillo hemos traído el zorro al reino de la papiroflexia. Nuestro próximo problema consiste en tratar de hacer el mismo zorro, sin cortarlo, con una simple hoja de papel.

A continuación, podemos utilizar las formas básicas para representar a B, y después a C, hasta completar el zorro tal y como lo hemos imaginado al principio, aunque yo en realidad creo que prácticamente lo hemos terminado al completar B.

Como he dicho, la papiroflexia actúa bajo unas limitaciones muy estrictas. Tratar de representar objetos y animales tal y como son al natural, hace que la papiroflexia resulte innecesariamente difícil: por supuesto, crear una figura con todas sus patas, pezuñas, o cualquier otra cosa tal y como existe en el mundo, con una hoja de papel, es muy gratificante, pero inventar la manera de prescindir de todo lo que no es esencial y representar la esencia del modelo de una forma completamente natural es aún más gratificante. Procuren entender profundamente la importancia que tiene para este proceso el hecho de observar detenidamente los detalles del modelo e inventar las maneras de reproducir dichos detalles, y luego todo el modelo. La característica principal de la papiroflexia es su simbolismo, que se obtiene abreviando y eliminando las cosas no esenciales, y ensalzando los rasgos que distinguen al modelo. Dicho simbolismo es también el secreto que permitirá el desarrollo de nuevas figuras mediante la papiroflexia.

Por supusto, abreviar y simbolizar no siempre sirve para representar todas las cosas. Por ejemplo, en las figuras humanas, con frecuencia, resulta difícil abreviar las manos y las piernas, o en el zorro, del que acabamos de hablar, no podríamos quitar ninguna de sus patas si pretendiéramos representarlo en postura de correr. Por otro lado, aunque el cangrejo de mar y el pulpo tengan ocho patas, y a pesar de que la azucena siempre se ha creído que tiene seis pétalos, no es absolutamente necesario representarlos con exactitud numérica. De hecho, cuando se trata de la papiroflexia, a veces es mejor renunciar al rigor científico.

Los ejemplos siguientes, referentes al proceso creativo de desarrollo de los detalles de las figuras hechas mediante la papiroflexia, están tomados de trabajos ya presentados. Cuando estos detalles estén completos, la mitad de la batalla creativa estará ganada.

2. Croquis de líneas rectas, pliegues básicos y combinaciones (1)

A menudo, el proceso creativo está prácticamente acabado cuando hemos completado ciertos detalles simbólicos característicos, como ha ocurrido con nuestro zorro, o en otros ejemplos, cuando los detalles son una representación del todo. En muchos otros casos, en cambio, los detalles no tienen mayor trascendencia. Cuando eso se produce, por mucha habilidad que tenga una persona al doblar, con estos meros detalles será incapaz de decir qué forma tendrá, o tiene que tener, la figura acabada. Es entonces cuando necesitamos una norma con la que regirnos: un dibujo, o un croquis de líneas rectas para marcar el camino. Para que se hagan una idea de la naturaleza de estos croquis, vamos a hablar primero brevemente de las formas del papel en la papiroflexia y del significado de los pliegues básicos.

Formas del papel en la papiroflexia

Las primitivas obras hechas con la papiroflexia que nos han sido transmitidas a lo largo de muchos siglos y las obras de los contemporáneos amantes de la papiroflexia son numerosas. Por supuesto, sería imposible conocer todas estas obras, pero de las miles que conozco, el 99 por 100 se hacen con papel cuadrado. Tenemos, pues, motivos para creer que la forma básica de la papiroflexia es el cuadrado. ¿Por qué? En primer, lugar porque es la más fácil. Como muchas personas aseguran, la papiroflexia es un arte que todo el mundo puede practicar en todas partes y en cualquier momento. Si la forma básica del papel fuera el triángulo rectángulo, el paralelogramo, el pentágono regular, el hexágono o el octógono, se necesitaría demasiado tiempo sólo para preparar el papel, de modo que eso no podría hacerlo "todo el mundo, en todas partes y en cualquier momento". Incluso el rectángulo es engañoso porque necesita que determinemos correctamente las proporciones entre los lados largos y los lados cortos. Segundo, utilizamos el cuadrado porque hace mejor las diagonales y las bisectrices, que son pliegues fundamentales en papiroflexia. A pesar de que seguramente hay otras formas que tienen sus propias características individuales, y algunas de ellas revelan unas posibilidades plásticas imposibles de realizar con el cuadrado, por estas dos razones en este libro me he limitado a presentar trabajos basados en el cuadrado.

En la página dedicada a los pliegues básicos, menciono y utilizo el triángulo rectángulo, pero eso es sólo porque el triángulo rectángulo se hace doblando un cuadrado por la diagonal. Dicho sea de paso, aunque en este libro no lo utilizo, un rectángulo cuyos lados tengan unas proporciones de uno: dos entra dentro de la misma categoría del triángulo rectángulo, puesto que el rectángulo no es más que el resultado del acto de doblar un cuadrado por la mitad.

¿Qué son los pliegues básicos?

Como ya he mencionado, el acto de doblar implica dividir una determinada zona plana de forma que las líneas resultantes sean líneas rectas. Nosotros vamos a utilizar para nuestra papiroflexia el papel de forma cuadrada; por lo tanto, la zona destinada a nuestros fines es siempre cuadrada. Los efectos de doblar están de este modo fijados, pero la forma que el artista crea con su cuadrado y los detalles donde crea sus pliegue de línea recta dependen totalmente de su originalidad. Sin embargo, hasta el artista más dotado y experto en papiroflexia no puede conseguir un trabajo acabado enseguida con su primer papel cuadrado. Naturalmente, los primeros intentos de doblar en un solo trabajo no tienen ninguna originalidad. Esos pliegues más o menos rutinarios son los que llamamos pliegues básicos. Son los pasos previos a la fase de la papiroflexia en la que la originalidad empieza a actuar. Estos pliegues básicos se hacen siguiendo las diagonales y bisectrices. Son el fundamento en el que se basa el desarrollo de la papiroflexia activa actual, y muchas personas reconocen con agradecimiento su inmenso valor. Todos los especialistas en papiroflexia utilizan pliegues básicos. Muchos pliegues se han desarrollado a partir de la "base del pájaro" y de la "base de la rana" nacidos de las dos figuras tradicionales más famosas de la papiroflexia, la grulla y la rana. Lamentablemente, las clasificaciones y explicaciones de todos ellas carecen de uniformidad y de orientación respecto al arte creativo.

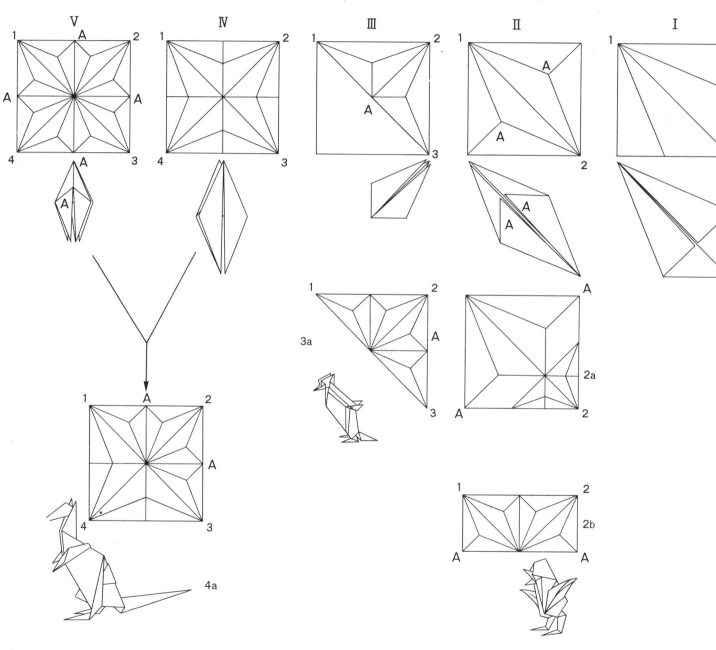

Ilustración 8

Para relacionar estrechamente la creatividad con las formas básicas, las he ordenado según el número de partes señaladas que tiene cada una.

A partir de estos pliegues, podemos empezar a doblar para 2a, combinar los pliegues para 4a, o dividir los pliegues para 2b y 3a. A los pliegues de este segundo grupo los llamo pliegues semibásicos.

El número de pliegues básicos puede parecer pequeño, pero son exactamente los que necesita la creatividad racional.

Vamos a dirigir ahora nuestra atención a la manera en que tenemos que relacionar los pliegues básicos con sus puntas de creación real. Lo primero que vamos a hacer es dividir nuestro croquis de líneas rectas del objeto que queremos reproducir en su número de partes señaladas. Por ejemplo, si estamos haciendo una figura humana, vamos a necesitar las dos manos, las dos piernas y una cabeza, hasta un total de cinco puntas. Para conseguir el efecto adecuado, con frecuencia utilizamos el pliegue básico V.

Cuando se trata de pájaros, nos es más fácil entender su proceso si los dividimos en pájaros en vuelo y pájaros parados. Para los pájaros en vuelo, necesitamos dos alas, una cabeza y una cola, es decir, cuatro puntas. Para un pájaro parado, necesitamos una cabeza, una cola y dos patas, es decir, cuatro puntas. Para ambos pájaros, utilizamos casi siempre el pliegue básico IV. Todos los pliegues básicos, excepto el I y el IV, tienen unas puntas pequeñas A que sirven maravillosamente para las orejas o para las patas pequeñas. Encontramos ejem-

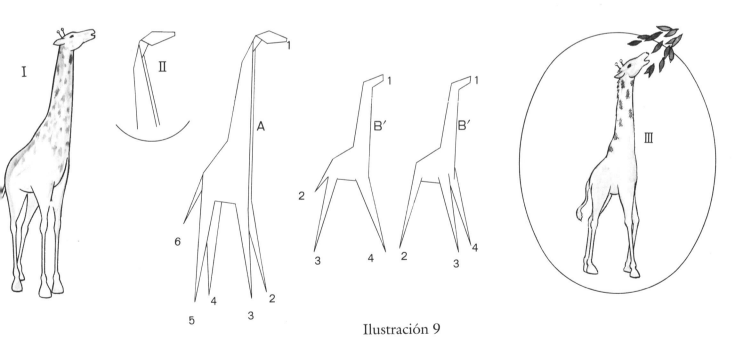

Ilustración 9

plos sobre el uso de estos pliegues en los capítulos I, II, III y IV. ¿Qué harán si el modelo que están reproduciendo necesita más de cinco puntas? La siguiente jirafa les ayudará a resolver este problema.

Observen la figura 9.

Todo el cuerpo de la jirafa es significativo. Por eso, el primer paso en nuestra determinación creativa no implicará simplemente el área que se necesite para expresar las patas y el cuerpo largos y delgados. Yo he simplificado descaradamente la cabeza, como aparece en II. El paso II, más el resto del cuerpo, arrojan un número de puntas como en el croquis A.

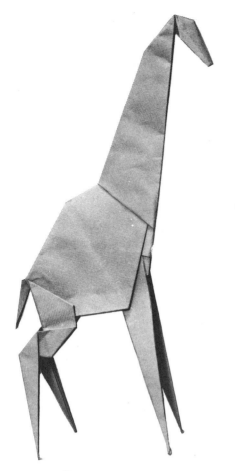

Esto quiere decir que necesitamos seis puntas para hacer el animal. En otras palabras, nuestra demanda excede el número de puntas que se pueden hacer sólo con los pliegues básicos. Tenemos dos maneras de resolver la situación. Una es apartarse del modelo y ajustarse a las limitaciones de las formas básicas. Otra es utilizar las formas básicas, permaneciendo fieles al modelo. Esto supone romper con la tradición rígida de doblar cosas con "una simple hoja de papel", y utilizar dos o más hojas en una papiroflexia combinada. A pesar de que en la naturaleza animales como la jirafa, el caballo, la vaca, el gato, y muchos más, tienen cuatro patas, el arte, a veces, se toma la licencia de apartarse de la naturaleza. Si nos imaginamos que la jirafa está de pie con el cuello estirado mordisqueando las hojas de la copa de un árbol, puede que la visión que tenemos de ella descubra sólo dos patas (III) mientras que las dos del otro lado estarían justo detrás de las dos que podemos ver. Ya sabemos que tiene cuatro patas, pero la representación de una jirafa a dos patas en III no deja de ser una jirafa. No nos equivocaríamos en absoluto. Si aceptamos esta versión de la jirafa y seguimos las exigencias del croquis de línea recta B', podemos hacerla con tan sólo cuatro puntas.

Una vez acabada, la jirafa B' no va a mantenerse en pie. Si queremos que lo haga, tenemos que eliminar el rabo, utilizar esta punta para una pata, y hacer la jirafa B justo como la de la página 65. Dado

Parte trasera

Parte delantera

Ilustración 10

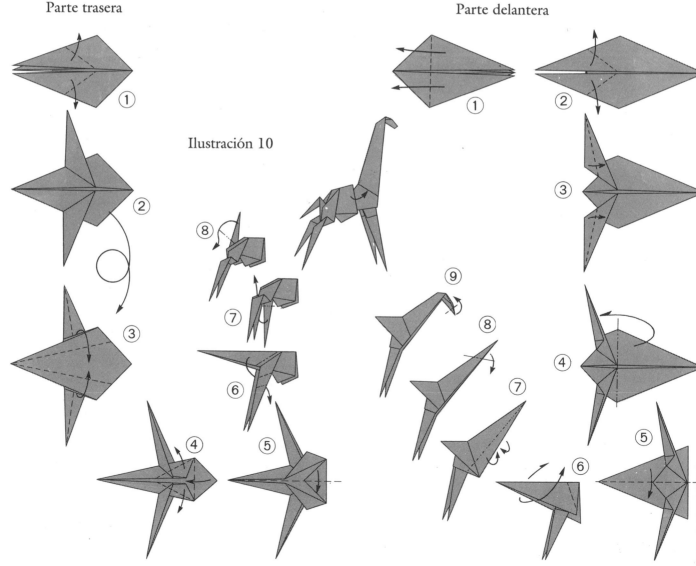

que las largas patas delgadas son uno de los rasgos característicos de la jirafa, puede que tres sea el número más pequeño con el que podemos funcionar, pero no olviden que en la sección uno hemos hecho un zorro absolutamente convincente sin patas. Una simplificación de este tipo es frecuente muy útil desde el punto de visto creativo.

Pero supongamos que un león ha aparecido en escena sacudiendo a nuestra jirafa de su apacible rumiar. Él la ahuyenta, y nosotros nos vemos obligados a representarla con las cuatro patas. Pasemos ahora a nuestra segunda preocupación sobre las puntas múltiples: la papiroflexia compuesta.

Si decidimos hacer al animal con dos hojas de papel, en vez de una, vamos a asignar tres puntas a cada una para utilizar las formas básicas de manera más holgada. Dividan mentalmente al animal en dos mitades, la parte trasera y la parte delantera, y hagan la jirafa según el croquis de línea recta de la ilustración 10.

Otra forma de aproximarse a la jirafa es omitir el rabo y utilizar cuatro puntas para las patas y una para el cuello. Entonces serán capaces de utilizar el pliegue básico IV. La única dificultad que tenemos aquí es que la punta pequeña que hay en el centro del pliegue básico V es gruesa y menoscaba la elegancia delgada y ligera del animal. Con demasiada frecuencia, se llega a malograr el efecto de una figura intentando hacerla dentro de las limitaciones del pliegue básico. Para evitar este problema, antes de empezar a producir la figura, procuren observar bien su modelo y averiguar cuáles son las puntas que van a utilizar y dónde están.

Vamos a ver si han comprendido los principios referentes al croquis de líneas rectas, a los pliegues básicos y a la papiroflexia compuesta. Doblen la siguiente mantis religiosa. Hemos omitido las explicaciones, pero con las ilustraciones pueden hacerlo perfectamente.

Ilustración 11

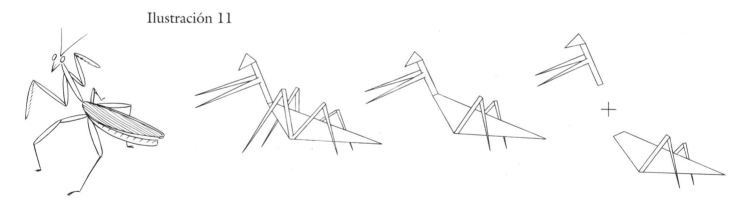

3. Cómo hacer la estructura y las combinaciones (2)

Hemos explicado ya cómo hacer que el pliegue básico y el croquis de líneas rectas cuadren haciendo que cuadren las puntas, pero ahora vamos a tratar de encontrar un modo de hacer que coincidan por medio de una estructura. Para eso vamos a utilizar un nuevo ejemplo. Tengan la amabilidad de observar la ilustración 12. A es el pájaro que hemos decidido copiar según las técnicas de la papiroflexia. Si aplicamos nuestro conocimiento de los detalles de la papiroflexia a la forma del pájaro, llegaremos a tener la forma B. Si abrimos eso como un pliegue, tenemos la forma C.

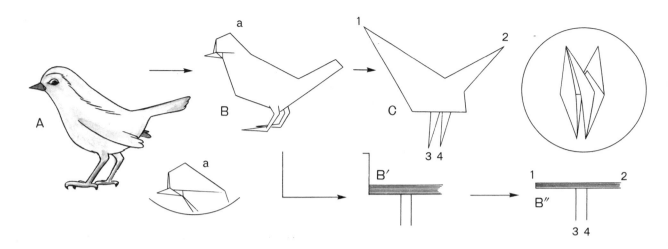

Puesto que necesitamos cuatro puntas, vamos a elegir el pliegue básico IV. Para hacer que el pliegue básico IV sea lo más parecido posible a B y descubrir qué parte, por lógica, tenemos que doblar primero, vamos a dibujar una estructura como el croquis B'. A continuación, vamos a elegir las partes más importantes de esta estructura y a dibujar otro croquis como el B''. Observen la ilustración 13 para ver cómo tienen que hacerlo.

Ilustración 13

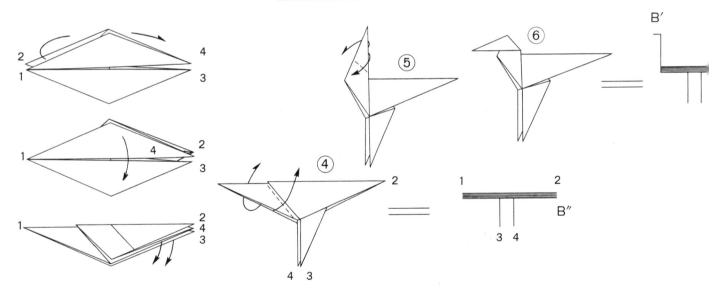

En la ilustración 13 decidimos primero cuál es el número más lógico y la ubicación para las puntas que necesitamos, haciendo que el pliegue básico cuadre con el croquis de líneas rectas. Una vez que hemos tomado esta decisión, se trata simplemente de asignar cada punta a su posición correspondiente.

Una vez que la estructura básica está doblada, hay que acabar cada una de las partes de la manera más correcta. Por ejemplo, si tomamos la figura B de la ilustración 9, podemos acabarla como muestra la ilustración 14.

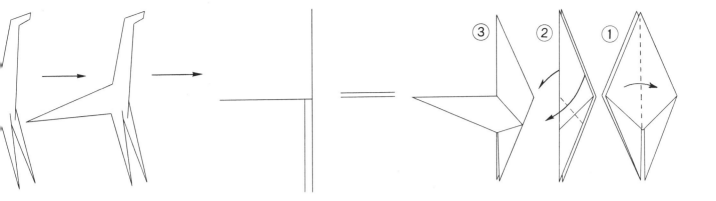

Ilustración 14

Hagan primero la estructura. Podríamos llamar a esta sentencia la aplicación de la idea de que la creatividad empieza por los detalles.

Una vez que hayan determinado la forma de expresar los rasgos característicos de su modelo, una vez que hayan acabado el croquis de líneas rectas que les da la idea de la forma general del mismo, y una vez que hayan establecido su forma básica, olvídense del viejo sistema de hacer las cosas de cualquier manera, y tengan un especial esmero a la hora de trabajar su estructura. Durante el proceso de creación, a menudo se les ocurrirán nuevas ideas respecto a la combinación de las formas. Combinando sus nuevas ideas con los métodos ya mencionados, pueden crear sus propias formas de doblar.

Vamos a tomar un ciervo y un león como modelos y a traducirlos en croquis de líneas rectas como los de A' y B'.

Ilustración 15

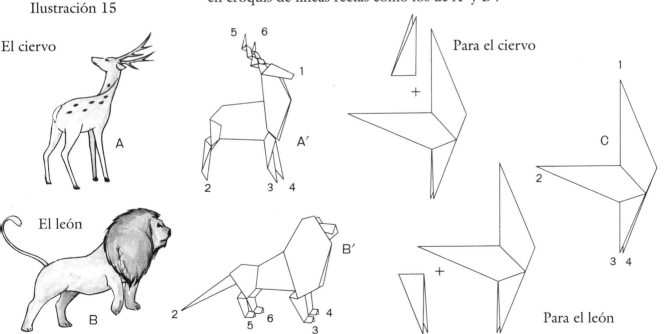

El ciervo

El león

Para el ciervo

Para el león

Supongan que esto nos remite al paso 3 de la ilustración 14, que hemos utilizado para hacer la estructura de la jirafa. Tomen ese paso, y piensen en él en relación con las formas del león y del ciervo. Observarán que faltan el 5 y el 6, o sea, la cornamenta del ciervo y las patas traseras del león. Si nos aproximamos al pliegue básico desde otro ángulo —el de las composiciones que hemos mencionado en la sección anterior—, observaremos que podemos, si utilizamos pliegues combinados, expresar a ambos animales con todas sus partes necesarias.

Dado que la estructura de C es muy parecida a las de A' y B', si la utilizamos, no tendremos problemas a la hora de crear nuestro león y nuestro ciervo.

Con un pliegue aparte, no duden en utilizar C como cuerpo principal, y sustituyan los detalles que han sido omitidos. A esto le llamamos un método lógico de convertir los elementos omitidos en combinaciones auxiliares.

Tenemos dos métodos de hacer combinaciones mediante la papiroflexia, a saber: la combinación completa, mencionada en la sección anterior, y la combinación auxiliar. A pesar de que los dos son métodos de combinaciones, sus naturalezas son muy diferentes. Por ejemplo, en la ilustración 15, una vez que hayamos hecho el croquis de A' y B', podemos hacer la combinación auxiliar porque tenemos C, que se parece mucho a nuestros dos croquis. Si nos faltara C, la combinación auxiliar sería imposible.

La combinación auxiliar hace que doblar sea mucho más entretenido. Utilicen algunas ideas y técnicas básicas para desarrollar su estructura básica, y después, con todas las combinaciones auxiliares que quieran, sigan expresando todas las formas que se les ocurran. Vean la ilustración 16 para que se hagan una idea de lo que pretendo decirles.

Para que sepan utilizar combinaciones auxiliares cada vez que lo desean, tienen que hacer también un uso completo de los métodos y principios de creatividad que ya he explicado. Si lo hacen, la papiroflexia les permitirá crear una infinidad de nuevas formas.

4. Los remates

Yo he hecho lo mejor que he podido para elaborar una variedad de determinaciones y métodos creativos. Si lo han leído una vez con atención, pensarán que es una cosa muy sencilla y fácil, y, en efecto, lo es. Pero recuerden que todos mis trabajos, los de la primera parte de este libro y todos los demás, se han desarrollado a partir de este método sencillo y fácil. Lo que pretendo demostrar es que la creatividad no es nada difícil.

A través de su larga historia, la papiroflexia nunca había tenido tantos adeptos como ahora. Pero, lamentablemente, las personas que se dedican a crear papiroflexia nueva son muy pocas.

La papiroflexia posee una facilidad increíble para reproducir las cosas. Si ven una figura que les parece divertida o hecha con maña, lo único que tienen que hacer es aprender a doblarla, y así pueden elaborarla por sí mismos. El placer de hacerlo no es sólo uno de los elementos más significativos de la papiroflexia, es también uno de los más valiosos. Con todo, hay un gozo y un valor aún más grandes en inventar una nueva papiroflexia. Es más, hacer que ese gozo sea nuestro y aprender los nuevos valores de la papiroflexia no requiere tanto esfuerzo como piensan algunos. ¿Por qué no lo intentan?

Ahora, para terminar nuestra breve incursión en la creatividad, déjenme decirles algunas palabras sobre el papel.

El papel que vayamos a utilizar en la papiroflexia no tiene por qué ser un papel especial. Puede ser papel de periódico, papel de envolver, papel de fumar, papel de bombón, o de chicle, papel de Navidad, o cualquier otro. Para las figuras que sólo necesitan unos cuantos pliegues, podemos usar cartulina. Nos será más fácil doblar papel grueso si humedecemos primero un lado con un pulverizador. El lado húmedo tiene que ser el más externo.

Cuando hayan doblado dicha figura, pónganla en su postura fija y dejen que se seque totalmente. Quedará muy estable y sostendrá bien su forma.

El papel suave tiene una delicadeza femenina, y el papel duro tiene una fuerza masculina. De hecho, cada papel tiene su propia personalidad. Descubrirán que entender y manifestar en su trabajo la naturaleza de sus materiales alimentará la sensibilidad de sus ojos y de las yemas de sus dedos. Para desarrollar su sensibilidad, doblen todas las figuras que puedan, y utilicen toda la gama de papeles que consigan encontrar. Como he dicho repetidas veces, aunque su historia es larga, la papiroflexia está todavía en la infancia de su desarrollo. Yo deseo que la papiroflexia sea un campo que sepa buscar su belleza propia; por lo tanto, quiero que disponga de los mismos elementos que exigen las otras artes: armonía, equilibrio, estabilidad, movimiento, ritmo, sentido de la materia, sentido del volumen, etcétera.

Para este fin, es esencial buscar con ahínco mejores formas. Las cualidades únicas del papel, sus tamaños y colores, van a tener mucha importancia en nuestra búsqueda. En primer lugar, conozcan el papel, y capten el significado de mi intención. En segundo lugar, mediante la papiroflexia, creen sus propias figuras con fuerza y elegancia. Los placeres que derivan de ello serán muchos, y a ustedes les gustará también que sus amigos vean sus figuras y las disfruten, o puedan incluso ser obsequiados con ellas.

Para redondear nuestro pequeño recorrido, déjenme mostrarles algunas de las figuras que yo he hecho con papeles poco corrientes.

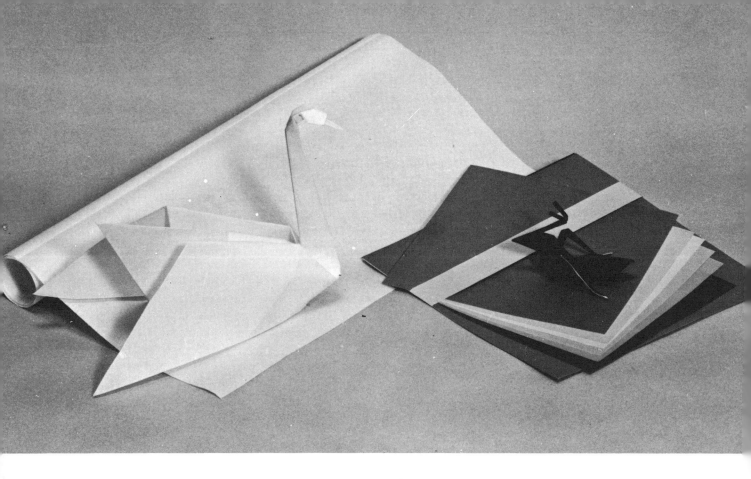

ÍNDICE

NOTA DEL AUTOR

EL tiempo ha pasado volando desde que empecé a trabajar en este libro, y ahora, con la fecha de publicación en la mano, me siento feliz y a la vez profundamente agradecido. Aunque aparezca mi nombre, la presente obra no habría sido posible sin la colaboración de varias personas que son amantes de la papiroflexia y además la entienden profundamente. En primer lugar, siento un profundo agradecimiento por los tres hombres siguientes, que me han indicado de qué manera tiene que funcionar la nueva papiroflexia y me han brindado una ayuda muy valiosa. A Kosho Uchiyama, Sekinan Miyashita y Yasuo Nakanishi, expreso mi profundo agradecimiento. Vaya también mi gratitud a Toshihiro Kuwahara, cuyos conocimientos y cuya habilidad han hecho que este libro sea mejor de lo que hubiera hecho yo solo; a Ihei Misaki, por su fotografía tan sensible; a Richard L. Gage, por su traducción, y a toda la plantilla de Japan Publications, Inc., cuyo calor y amistad convirtieron en placer aquello que pudo haber sido una difícil tarea. Quiero dar las gracias también a mis amigos y socios del Creative Origami Group '67, por su ayuda y por los ánimos que me han dado. Finalmente, deseo que el libro, al que he prestado tánta dedicación, se gane muchos amigos, por sí mismo y para la papiroflexia del mundo entero.

Tokio
Diciembre de 1967
Kunihiko Kasahara